SEPTIÈME ÉGLOGUE.

MÉLIBÉE.

Tels furent les beaux vers que me firent entendre
Ces deux chantres fameux, et ce qui doit surprendre,
Thyrsis, qu'à Corydon l'on pouvoit croire égal,
A lui-même cédé la palme à son rival.
D'après ce jugement favorable au génie,
Corydon est pour moi le dieu de l'harmonie.

MANUEL
DES FRILEUX.

SE TROUVE ÉGALEMENT,

A PARIS,

Chez JANET et COTELLE, Libraires, rue Neuve-des-Petits-Champs, n.° 17;

ET A STRASBOURG,

Chez F.-G. LEVRAULT, Imprimeur-Libraire.

MANUEL
DES FRILEUX,

OU

MOYENS SIMPLES DE SE CHAUFFER PARFAITEMENT SANS FUMÉE, SANS DANGER QUELCONQUE, ET A PEU DE FRAIS;

OUVRAGE ÉCONOMIQUE,

Renfermant 1.º des *Notices* intéressantes sur le Chauffage et les Foyers des Anciens, sur les Cheminées et les Poêles des Modernes; 2.º des *détails* utiles sur les différens Combustibles; 3.º des *observations* sur la durée et l'influence salubre des Feux concentrés et sans rayons;

SUIVI

De la *Table d'hiver*, du *Chauffoir ambulant*, de la *Chaufferette de fer*, et de la manière d'alimenter ces nouveaux Porte-feu, très-commodes pour les étudians, les hommes de lettres et autres personnes sédentaires.

(*Incedo per ignes suppositos cineri.*)

PAR FRÉVILLE,

Auteur de l'*Encyclopédie grammaticale*, et de plusieurs livres élémentaires.

PARIS,

CHEZ L. FOUCAULT, LIBRAIRE,
QUAI DES AUGUSTINS, N.º

X.^{bre} 1813.

AVANT-PROPOS.

La nécessité de l'économie des combustibles d'usage se fait sentir de plus en plus; il n'est donc pas hors de propos de publier des observations sur cet important objet. Celles qui forment ce petit traité, consistent d'abord dans un procédé peu coûteux, pour obvier à l'immense déperdition de la chaleur des *feux à rayons*, dans tous les foyers connus, et pour faire circuler cette même chaleur dans l'intérieur d'un appartement, soit à l'aide d'une cheminée à jambages creux et paraboliques, soit par un poêle à serpent.

Nous indiquons ensuite une manière, toute particulière, d'alimenter les feux *concentrés et sans rayons*, d'en décupler la douce chaleur ainsi que la durée, à l'aide du poussier criblé et bien sec, et de nouveaux porte-feu brûlant jour et nuit, sans nul danger, et nulle odeur ; consommant très-peu, et présentant, en un mot, un foyer des plus commodes, tout prêt à chauffer, le matin quand on se lève, et à toutes les heures de la journée.

Les épreuves réitérées de ce chauffage économique sont constatées dès long-temps; nous les offrons donc, avec quelque confiance, au public; nous le prions, toutefois, d'excuser la sécheresse et les détails inséparables d'un ouvrage de cette nature, en faveur des nombreux avantages qu'il peut procurer à quantité de personnes, et notamment à celles qui mènent une vie sédentaire.

MANUEL

MANUEL DES FRILEUX.

ÉCONOMIE DES COMBUSTIBLES.

L'HISTORIQUE des *combustibles* et des *foyers*, chez les anciens et chez les modernes, offre des particularités fort intéressantes; mais, en recueillant beaucoup de choses singulières et curieuses sur cet article, j'ai eu surtout à cœur de diriger mes recherches du côté le plus utile : je veux dire *l'économie du chauffage*, dont le besoin va de pair avec la nécessité des subsistances.

Dès l'année 1709, dont l'horrible hiver

gela jusqu'aux arbres, et fit périr soixante-dix mille individus dans la seule ville de Paris, on commença à s'apercevoir de la rareté du bois en général. Depuis cette époque, trop mémorable, d'illustres écrivains, *Réaumur*, *Buffon* et *Diderot*, ont donné l'éveil sur la dégradation des forêts et la pénurie future du bois de charpente et de chauffage.

Comme cet objet indispensable de consommation journalière excède les moyens du plus grand nombre, en retraçant avec précision les vues sages que l'on a données soit pour économiser, soit pour remplacer le combustible ordinaire, j'ai cru devoir produire des réflexions que la lecture des anciens m'a fait naître sur cette matière importante.

Il est à remarquer qu'afin d'éviter l'incommodité continuelle occasionnée par leurs foyers, les Grecs et les Romains employaient particulièrement ce que *Caton* appelle ***ignem purum :*** du feu pur de charbon, dont on faisait exhaler dehors les vapeurs dangereuses, et que l'on transportait de suite dans différens porte-feu et des chaufferettes consacrés à cet usage.

Plutarque, dans son livre des Apophthegmes, rapporte qu'*Alexandre-le-Grand*, visitant familièrement quelques amis, s'y chauffait avec un petit réchaud d'airain qui ressemblait à une cassolette; l'historien cite même un bon mot du héros à ce sujet.

Suétone, dans la Vie des douze *Césars*, nous apprend à son tour que l'on chauffait l'appartement de *Tibère* avec des cendres rouges, formées de poussier bien allumé.

C'est d'après ces exemples et ces citations, que j'ai essayé l'usage du poussier de charbon; et l'expérience m'a démontré que cette espèce de combustible, dont on a ignoré jusqu'à présent la force et les propriétés, est, aux rayons près, bien préférable à tous les autres. C'est en outre le moins coûteux et le plus commode; et je puis assurer que toute personne sédentaire peut s'en chauffer sept ou huit mois, pour moins de neuf francs, et cela bien mieux qu'au feu du poêle ou de la cheminée. Mais pour cet effet, il est nécessaire d'observer les précautions que l'on indique à la fin de ce traité, pour l'emploi du *poussier* et du nouveau *porte-feu*, qui en décuple la chaleur.

Il me reste à dire encore un mot sur cet ouvrage. Considérés surtout sous l'aspect de la santé, les *foyers* et les *combustibles* demandent une érudition et des connaissances que je suis réduit à désirer. Mais si, le plus souvent, je n'ai point trouvé ce que je voulais dans plus de soixante-dix in-folio de *Grævius*, de *Samuel Pitisque*, de

Burman, de *Gronovius*, de *Gruter*, de *Sallengre*, du savant et modeste *Poléni*, de *Ménage*, de dom *Bernard de Montfaucon*, de *Morand*, et de l'*Encyclopédie* elle-même, j'obtiendrai peut-être quelque indulgence auprès du lecteur sévère, à qui je puis dire du moins :

Da veniam scriptis quorum non gloria nobis
Causa, sed utilitas officiumque fuit.

(Ov. *de Ponto.*)

CHAPITRE PREMIER.

Des Foyers chez les anciens.

Avant de parler des *combustibles* et du *chauffage*, si nécessaires aux besoins de la vie, il n'est pas hors de propos d'entrer dans de légers détails sur les divers foyers des anciens. Nos bibliothèques sont remplies de volumes sur leurs jeux, sur leurs fêtes, sur leurs vêtemens, et même jusque sur leurs ustensiles de cuisine, et nous ne savons presque rien sur les pièces les plus importantes de leurs maisons, c'est-à-dire sur leurs *cheminées*.

C'est une grande question, dit dom *Bernard de Montfaucon*, tome XV des *Antiquités*, de savoir si les anciens avaient des cheminées. *Vitruve*, dans son livre de l'*Architecture*, ne donne point de règles

DES FRILEUX.

pour en construire, et il n'en parle en aucune manière. Fondés sur ce silence, nombre de savans, le célèbre *Perrault* lui-même, a conclu qu'ils n'en avaient point du tout ; plusieurs passages d'*Homère*, de *Virgile* et d'*Horace* semblent cependant nous prouver le contraire.

Ulysse, renfermé dans la grotte de Calypso, souhaitait de voir au moins sortir la fumée des maisons de son île d'Ithaque.

Virgile, dans une de ses églogues, dit positivement :

Et jam summa procul villarum culmina fumant.

« Déjà l'on voit la fumée des maisons de
« campagnes et des villages s'élever du haut
« des toits, etc., etc. »

Horace, dans la onzième de ses odes, livre VII, dit :

Sordidum flammæ trepidant volantes vertice fumum.

« Les flammes font sortir du haut de la
« maison des tourbillons de fumée. »

Cicéron à son tour, dans la quatrième de ses épîtres, conseille à Trébatius d'entretenir un bon feu dans sa cheminée.

Luculento utendum camino.

Appuyé sur ces autorités, le *Dictionnaire Encyclopédique* s'exprime ainsi : « Les an-
« ciens avaient sans doute des *cheminées*,
« mais nous n'en avons que de légères con-
« naissances ; nous savons seulement qu'elles
« différaient beaucoup des nôtres ; elles
« étaient placées au milieu de la chambre,
« elles étaient sans jambages et sans tuyau ;
« il y avait seulement au plancher une sim-
« ple ouverture qui servait au passage de la
« fumée. »

Qu'il nous soit permis de soumettre cette opinion à la coupelle du bon sens : si la place où les Grecs et les Romains faisaient du feu n'avait ni jambage, ni manteau, ni plaque, ni même de tuyau maçonné depuis l'âtre jusqu'au-dessus de l'ouverture extérieure, pour le passage de la fumée, c'est bien improprement que l'on donne à cette place le nom de *cheminée*, conformément aux nôtres : c'était tout simplement un foyer, une espèce de grand fourneau de pierre ou de fer, propre à contenir le bois ou le charbon qu'ils y brûlaient.

La source des incertitudes, des contradictions et même des erreurs des antiquaires à ce sujet, provient des traducteurs français; ils ont rendu le *caminos* des Grecs et le *caminus* des Romains par le mot *cheminée*; et ces deux termes, dans les langues anciennes, ne signifient absolument qu'un *fourneau*, un foyer, soit fixe, soit mobile : on n'en a pas connu d'autre dans la plus haute antiquité, jusqu'au temps de Cicéron et des empereurs, depuis lesquels le mot *caminus* a pris de l'extension et a signifié *four-*

neau et *cheminée*, et plusieurs autres foyers différens. Mais il y a une particularité omise dans l'*Encyclopédie*, et qu'il importe de rapporter ; c'est que ces prétendues *cheminées* n'existaient que dans des salles basses et des bâtimens qui n'avaient qu'un rez-de chaussée et un toit au-dessus. Les pièces dont il est question servaient dans ces premiers siècles tout à la fois de cuisine, de chauffoir et de salle à manger.

Or, il s'élève ici une nouvelle difficulté. Les premiers foyers dont il est question pouvaient convenir aux chaumières et aux cabanes couvertes de planches, qui, depuis *Romulus* jusqu'à l'arrivée de *Pyrrhus* en Italie, constituèrent généralement les habitations des Romains. Mais du temps de *Marius* et de *Sylla*, temps où l'on commença d'élever des édifices considérables, après la destruction de Carthage, lorsque des milliers d'étrangers vinrent chercher

DES FRILEUX.

un asile dans les cités des fiers vainqueurs de la terre, on sait que l'on bâtit alors à Rome des maisons à plusieurs étages; elles étaient même si hautes et si prodigieusement chargées, que plusieurs croulaient souvent sous leur propre poids. Eh bien! nous le demandons : puisque l'on ne connaissait pas alors l'usage des tuyaux construits d'étage en étage, et prolongés hors des toits, cette multitude de personnes logées les unes sur les autres, comment faisaient-elles pour se garantir de la fumée avec des cheminées qui ne pouvaient certainement avoir aucune ouverture? Ecoutez les antiquaires à ce sujet. S'étayant d'un passage de *Columelle* et de *Caton*, ils allèguent que pour empêcher le bois de fumer, *on le faisait bien sécher avant, et qu'on l'imprégnait ensuite de marc d'huile. Les gens riches employaient cette espèce de chauffage, mais les pauvres ouvraient les fenêtres pour n'être point suffoqués par la fumée du bois sans apprêts.*

Voilà d'étranges moyens pour parer à un inconvénient tel que celui de la fumée des bûches brûlant au milieu d'une chambre. Aussi *Grævius*, dans son excellent Dictionnaire, dit-il : « Le moyen de souf-
« frir une pareille incommodité, surtout
« pendant l'hiver, où le vent et le froid
« entraient librement par les fenêtres! c'est
« ce que je ne saurais comprendre. »

CHAPITRE II.

Fourneaux, Porte-Feu, petits Réchauds et Feu pur des anciens.

Quelques passages de *Plutarque* et de *Suétone* vont lever la difficulté dont il s'agit; ils nous éclaireront suffisamment sur un article qui n'a été obscur jusqu'ici, que parce qu'on a confondu les temps et les usages des anciens avec les nôtres.

Les Romains qui n'ont inventé les foyers à tuyaux que sous le règne d'*Auguste*, surent cependant se mettre à l'abri de la fumée des combustibles, non par l'huile qui pouvait bien les faire flamber beaucoup mieux, mais qui devait certainement redoubler encore l'incommodité de la vapeur insupportable et souvent mortelle de tout bois de chauffage.

A mesure que Rome s'accrut en population et en moyens, les foyers, ou si l'on veut les *cheminées*, qui n'avaient, ainsi que nous l'avons dit, qu'une ouverture au milieu du toit, étaient particulièrement affectées au service des cuisines; elles ne se trouvaient que dans des bâtimens sans étage et contiguës aux maisons dont ces rez-de-chaussée faisaient partie. Mais enfin comment se chauffer sans cheminée dans les divers appartemens construits l'un sur l'autre dans le corps du logis?

Caton nous en donne une idée dans son Traité de l'Agriculture : *Il faut*, dit-il, *avoir du feu pur et bien entouré de cendre.*

Focum purum et circumversum habeat, etc.

Dans quoi mettait-on ce *feu pur* et provenu du charbon, et qu'on avait grand soin d'allumer dehors? C'était dans des fourneaux de toutes les formes, selon le lieu auquel on les destinait; il y en avait de petits pour les viandes qu'on servait sur la table; puis de plus grands pour échauffer le *triclinium*, c'est-à-dire la salle dans laquelle on mangeait. *In tricliniis camini non erant*, il n'y avait point de cheminée dans les salles à manger, dit *Columelle*.

Plutarque, dans la vie d'*Alexandre-le-Grand*, nous instruit en outre de l'usage ancien des fourneaux portatifs : le passage est curieux et fort intéressant pour les usages de ces temps reculés :

« Dans l'hiver et pendant les grands « froids, lorsqu'Alexandre allait dîner chez « quelque ami, et que celui-ci apportait un « petit réchaud de feu, le héros disait en « riant, qu'il fallait ou de *l'encens* ou du « bois. » (*Plut. Apopht.* 180.)

Alexandre plaisantait sur la modicité de ce feu qui semblait plus convenable à brûler de l'encens et à faire une offrande qu'à le chauffer largement.

Une autre citation plus positive encore va nous prouver l'usage que les anciens faisaient du charbon et du poussier dans les appartemens. Le même *Plutarque* parle du philosophe *Anacharsis* dans le Dialogue du Festin.

Comme le sage Anacharsis censurait beaucoup d'abus établis chez les Grecs, il les approuvait cependant à cause du FEU *de* CHARBON *qu'ils employaient au lieu de* BOIS *pour se chauffer ; il les louait de laisser la fumée s'exhaler au-dehors, et de porter ainsi chez eux du feu dégagé de vapeurs nuisibles.*

Les vases dans lesquels les Grecs mettaient le feu de charbon, dit *Sallengre*, dans son ouvrage intitulé : *Novus Thesaurus antiquitatum*, édit. in-fol., s'appelaient *escharia* ; ce terme, qui signifie *brasier*, revient au *braciere* des Italiens.

Eu égard à l'importance d'un élément aussi nécessaire que le feu, et au cruel inconvénient des foyers où brûlait du bois, on pense bien que les anciens avaient multiplié et le genre et la forme des *porte-feu*, et qu'ils en avaient de différens métaux. *Gronovius*, dans son Traité de *Vasculis*, fait mention d'une espèce de réchaud qui, bien que mignon et fort peu volumineux, coûtait néanmoins des sommes considérables. Cette espèce de chaufferette était d'airain de Corinthe, métal très-estimé dans l'antiquité, et s'appelait ANTEPSE. *In vasis Corinthiis est antepsa illa quam tanto pretio mercatus est.* (Plaut.)

Lorsque Tibère se retira à *Caprée*, île délicieuse qui est couverte d'amandiers, de myrtes, de figuiers, d'orangers et de maïs d'une fraîcheur ravissante, il ne faisait usage, dans l'intérieur de son palais, que du *feu pur* et sans vapeur, dont parle *Anacharsis* dans les Dialogues de *Plutarque*. Le bois était employé seulement pour le service des cuisines, des offices et des salles de bains. « *Miseni*, dit SUÉTONE, dans la vie de *Tibère*, chapitre LXXIV, *cinis è favillá et carbonibus, illatus ad calefaciendum triclinium, extinctus, exarsit subitò ad vesperam*, etc., » ce qui veut dire littéralement : « La cendre ar-

« dente ou le feu couvert, provenu du
« charbon et de la braise, cette cendre,
« dis-je, que l'on avait apportée pour
« échauffer l'appartement, s'étant éteinte
« vers le soir, se ralluma tout à coup, etc. »

La Harpe traduit ainsi ce passage :
« A Misène, quelques jours avant la mort
« de *Tibère*, des *cendres chaudes* que
« l'on avait apportées pour échauffer son
« appartement, s'étant éteintes et refroi-
« dies, se rallumèrent sur le soir, et brû-
« lèrent jusqu'au jour. »

Nous observerons que des cendres seules ne brûlent point ; et si chaudes qu'on les suppose, elles ne sauraient échauffer un appartement. *Cinis è favillâ et carbonibus*, signifie ici ces étincelles ardentes qui proviennent du charbon et de la braise consommés entièrement : c'est le poussier bien allumé, qui se recouvrant de cendre à mesure qu'il se consume, produit effectivement une chaleur d'autant meilleure qu'elle se dilate et se répand de tous côtés par transpiration, et qu'elle dure sept ou huit heures de suite, sans qu'il soit nécessaire de toucher au foyer. Voilà la sorte de chauffage que les Grecs et les Romains employaient dans l'intérieur des maisons; comme il était fort commode, sans odeur quelconque, il n'est pas étonnant qu'ils n'aient inventé que fort tard les foyers à tuyaux prolongés, pour le passage de la fumée qui devait sortir par tourbillons de leurs cheminées sans jambage et sans conduit.

CHAPITRE III.

Des Foyers à tuyaux prolongés.

ON vient de voir que les anciens des temps les plus reculés ne connaissaient que deux espèces de foyers; les uns fixes et sans conduit prolongé pour la fumée, et les autres mobiles et ambulans, dans lesquels ils transportaient du feu de charbon et de poussier. Ce ne fut que dans les siècles postérieurs que les Romains inventèrent les foyers à longs tuyaux de brique ou de fer, pour y brûler du bois sans craindre alors l'inconvénient de la fumée.

Les espèces de cheminées dont nous parlons étaient construites dans des souterrains; elles échauffaient toute la maison par le moyen de divers tuyaux pratiqués dans l'épaisseur des gros murs, et qui étaient distribués dans les différentes pièces. Ces foyers fixes, connus sous le nom de *vaporaria*, donnèrent bientôt l'idée des *hypocaustes*, également à longs tuyaux, mais mobiles, c'est-à-dire des poëles dont l'usage est généralement répandu aujourd'hui dans presque toutes les parties du monde.

Cette cheminée ambulante date à peu près des derniers temps de la république; on peut en juger par une lettre de *Cicéron* qui dit : « Je viens de faire placer mon *hy-* « *pocauste* dans un autre coin de ma salle « de bain, parce *que les tuyaux qui ser-* « *vent à donner de la chaleur, étaient* « *sous ma chambre, et que cela l'é-* « *chauffe trop en été.* »

Tel est cependant l'empire de l'habitude; l'usage de ces nouveaux foyers, tout commodes qu'ils étaient, fut long-temps à s'adopter; et quoiqu'il n'y eût qu'un pas à faire pour fabriquer des *cheminées* comme les nôtres, qui sont non moins propres au chauffage qu'à l'embellissement des appartemens, il n'en est pas fait mention sous le règne si splendide d'*Auguste. Néron*, qui, comme on sait, incendia Rome pendant neuf jours consécutifs, afin de la rebâtir sur un plan régulier, ne fit pratiquer aucune *cheminée* dans les quarante mille édifices qu'il éleva dans la nouvelle ville. Il n'y avait que des poëles et des *vaporaria*, ou foyers à longs tuyaux construits dans le bas des maisons.

On croit que les premières cheminées à jambages et à ouvertures, sont du temps de *Vitellius*. Du moins un passage de l'histoire de cet empereur écrite par *Suétone*, semble l'indiquer.

Lorsque *Vitellius* fut proclamé empereur, dit l'historien, le feu prit à sa chambre par le tuyau de sa cheminée.

Flagrante triclinio ex conceptu camini.
(Suet. chap. viii, Vitel.)

Ce *conceptu camini* donne à entendre que la suie engorgée dans le tuyau de la cheminée prit feu, et que la flamme sortant par l'ouverture, et se répandant dans la chambre, y mit le feu.

Cet événement a pour date l'an 69 de *Jésus-Christ;* et, par un anachronisme ridicule, les antiquaires se targuent du passage de *Suétone* pour prononcer sur l'antiquité reculée des foyers à tuyaux maçonnés comme les nôtres.

CHAPITRE IV.

Foyers des bains ou thermes chez les anciens.

AVANT l'invention des *vaporaria* et des *hypocaustes*, les anciens faisaient chauffer leurs bains par des feux qu'on allumait dans des fourneaux souterrains; et la fumée sortait par les soupiraux des caves sur lesquelles les salles des bains étaient bâties. Lorsqu'on eut connu les tuyaux de brique ou de fer, alors les édifices furent poussés à un degré de magnificence que les nations modernes sont bien loin d'égaler. Rien n'exprime mieux la forme de ces bains antiques, qu'une peinture en mosaïque trouvée aux bains de l'empereur *Titus*. On y voit encore l'*hypocaustum*, c'est-à-dire l'endroit des poêles souterrains où l'on allumait le feu destiné à échauffer les salles de dessus, et auxquelles on donnait les différens degrés de chaleur dont on avait besoin.

Dans les thermes d'*Antonin*, dit *Olympiodore*, on comptait jusqu'à seize cents siéges de marbre pour asseoir les personnes qui venaient se baigner. Il y avait trois salles où l'on passait successivement de l'air tempéré au plus chaud. Dans la première qui était fraîche, et qui s'appelait *Frigidarium*, les baigneurs ôtaient d'abord leurs habits; puis ils entraient dans la seconde qui était tiède, et qu'on nommait *Tepidarium*. Après y être resté quelques instans, ils allaient dans le *Concamerata sudatio*, c'est-à-dire, dans l'étuve où ils suaient à grosses gouttes.

Outre le feu souterrain qui échauffait cette *chambre à suer*, arrondie en voûte et toute en brique, il y avait encore un grand fourneau nommé *laconicum*. Ce fourneau, dit le père *Montfaucon*, était de *plainpied*, c'est-à-dire, renfermé dans l'épaisseur du plancher. Ceci nous fournit une nouvelle preuve qui nous démontre que les anciens échauffaient leur appartement par du *feu pur*. En effet, si celui de ce grand vase, sans doute fermé d'une plaque de fer percée de distance en distance, pour faciliter la route de la chaleur; si ce feu, dis-je, n'avait pas été d'abord purgé au grand air, parfaitement dépouillé des vapeurs mortelles du bois ou du charbon enflammé, ceux qui se baignaient dans cette chambre à suer, parfaitement fermée, et sans air extérieur, auraient immanquablement étouffé et seraient tombés morts à l'instant.

En un mot, il est évident que ce *laconicum* était fourni de poussier de charbon, qui donne un feu de longue durée, et une chaleur d'autant plus convenable à la peau qu'elle se filtre à travers une couche de cendre, et qu'elle ne cause point les cuissons du feu qui chauffe par rayons. Ce feu ainsi modéré par la cendre, est fort doux, et cependant il répand beaucoup de chaleur. Mais lorsque l'on écarte la cendre qui lui fait obstacle, il devient âcre et brûle à l'excès. C'est ce qui fait dire à *Horace* ;

Incedo per ignes suppositos cineri doloso.

C'est-à-dire, « je marche au milieu des feux couverts d'une cendre trompeuse. » Le poète romain fait entendre par cette figure, que ces feux sont d'autant plus dangereux et brûlent d'autant plus vivement, que la cendre les dérobe à la vue.

Ce vers, rapproché du *cinis è favillá* de *Suétone*, jette ici un nouveau jour sur ce passage mal rendu par *cendres chaudes*. C'étaient au moins des *cendres rouges*, pour pouvoir échauffer l'enceinte d'un appartement. En effet, *cinis è favillá* signifie clairement des parcelles de braise, des étincelles ardentes, telles qu'en forme le poussier allumé, et dont le feu concentré dans un vase, répand et conserve d'autant plus de chaleur, qu'elle ne se dissipe point comme celle du bois par le canal d'une cheminée.

CHAPITRE V.

Remarques sur le Commerce de Charbon chez les anciens.

IL résulte de ces observations que les antiquaires dont les uns ont affirmé, et dont les autres ont nié l'existence des cheminées, chez les anciens, n'ont fait qu'embrouiller la fameuse question qui a été si long-temps indécise. Au lieu d'accumuler une foule de passages grecs et latins, et d'employer une vaine érudition, ils eussent dû réfléchir davantage. Il suffisait, ce me semble, de faire une simple distinction. Les peuples de l'antiquité en général ont eu des cheminées sans tuyaux prolongés, pour le service des cuisines, des bains, des usines, etc.; mais pour éviter la grande incommodité de la fumée de pareils foyers, ils n'en ont point pratiqué dans l'intérieur de leurs habitations; ils ont fait usage, non de bois, mais de charbon de poussier et de *feu pur* qu'ils mettaient dans différens vases selon le lieu, le temps, et leurs moyens. Voilà ce que nous venons de démontrer dans ce premier chapitre de notre Traité; car nos citations sont authentiques, non équivoques et prépondérantes.

Maintenant il se présente une réflexion naturelle : les anciens devaient donc attacher une grande importance à la *fabrique du charbon*, le commerce de ce combustible, non moins utile qu'il est commode, devait donc être bien considérable chez eux? C'est vraisemblable; mais c'est ce dont nous n'avons aucune connaissance, puisqu'aucun auteur n'en a parlé, pas même *Vitruve*; et il est à remarquer que cet habile architecte du siècle d'*Auguste* n'a fait nulle mention de la construction des cheminées.

Je n'ai que deux inductions pour appuyer ma conclusion hypothétique. La première est une locution latine employée par *Pline* le naturaliste.

Carbonarium negotium exercebant.

Ils faisaient le négoce de charbon; le *négoce* s'entend d'un commerce fait en gros, et de l'échange de diverses marchandises :

ce mot emporte une idée plus relevée que celle que nous avons du transport du charbon qui se vend tout simplement et se détaille sur nos ports, et qui ne se négocie point comme le sucre, le café et autres denrées dont le prix hausse, baisse et varie sans cesse.

Notre seconde induction est sur des médailles frappées en l'honneur de la famille plébéienne de *Papirius Carbo*. *Grævius*, tome X.me, page 593, dit :

Carbo est in nummis argenteis gentis Paperiæ
Plebeiæ, in quâ clarum hoc cognomen
Quod forté à colore traxit originem.

Mais si la famille de *Papirius*, surnommé *Carbo*, qui était avant plébéienne, fut ensuite annoblie, et si elle fut honorée du glorieux surnom de *Carbo*, peut-on penser que ce fut à cause de la couleur noire d'un des pères de *Papirius* ? Cette supposition est ridicule. Ce fut vraisemblablement parce que quelque membre de cette famille, obscure dans son origine, fit un commerce considérable de *charbon* si précieux alors; ou parce qu'il inventa quelques moyens de perfectionner la fabrique de ce combustible, et de le dépouiller, peut-être, dès le four à charbon, des vapeurs dangereuses qu'il ne perd que quand il est bien embrasé au grand air.

CHAPITRE VI.

Vases et foyers où les Vestales entretenaient le feu sacré.

Les nombreux avantages que l'homme retire du feu, soit pour ses besoins, soit pour les arts, fit regarder cet élément comme quelque chose de divin chez la plupart des peuples de l'antiquité. Les Grecs, surtout, et les Romains, adoraient le feu et sa chaleur bienfaisante, sous le nom de *Vesta*. Cette déesse qui était la pureté par essence, eut des prêtresses qui devaient lui ressembler.

Le principal soin de ces vierges, appelées *Vestales*, était d'entretenir et de garder le feu sacré nuit et jour. Si, malheureusement, une des gardiennes le laissait éteindre, on l'enterrait toute vive avec une lampe, un pain et une cruche d'eau, dans un caveau que l'on comblait de terre. Pour prévenir une si terrible punition, les Vestales se relayaient tour-à-tour; leurs heures étaient partagées, et elles prenaient toutes les précautions possibles pour que le feu ne s'éteignît jamais.

Les auteurs ne nous ont laissé absolument aucun détail sur la nature du combustible employé pour alimenter le feu sacré. *Plutarque* dit seulement que chez les

Athéniens, le feu sacré du temple de *Vesta* se conservait dans des lampes d'or, où l'on ne mettait de l'huile qu'une fois l'année, le premier jour du printemps. Mais, à Rome, dit *Tite-Live*, les Vestales se servaient de foyers, de réchauds et de vases de différens métaux, et quelquefois tout simplement d'argile, que l'on plaçait sur l'autel de la déesse.

Par le moyen de ce passage, on peut conjecturer du moins quels étaient les alimens de ce feu célèbre. Très-certainement les Vestales qui, pour les dédommager du sacrifice de leur liberté, avaient d'insignes priviléges, et celui, entr'autres, de porter les vêtemens les plus riches, les plus élégans et les plus frais; ces vierges, dis-je, mises comme des nymphes, ne brûlaient certainement point de bois sur l'autel qui était l'objet de leur culte; la fumée n'aurait pas tardé à noircir la blancheur de leur voile, et de transformer le temple en forge de *Vulcain*.

On pourrait opposer à notre opinion ce passage de *Prudence*, poète chrétien du quatrième siècle, qui tournait en ridicule les dieux du Paganisme :

Fuliginosi thure placantur lares.

« Les autels enfumés des dieux lares que « l'on apaise avec un peu d'encens, etc. »

Mais il faut distinguer ici les dieux pénates ou des maisons, surtout dans les premiers siècles de Rome, de la déesse *Vesta*, dont le culte avait lieu dans des temples somptueux et magnifiques. D'ailleurs, on sait que, près de ces temples, il y avait un autre endroit sacré où l'on immolait les victimes, et un autel sur lequel on faisait brûler leurs entrailles.

Nous pensons donc que les Vestales ne

faisaient usage que du feu épuré dont nous avons parlé dans le chapitre précédent; pour prolonger la durée si nécessaire de ce feu, sans doute qu'il avait pour aliment la *poussière du charbon*, qui est divisible à l'infini, et qui par cela même a la propriété de ne se consumer qu'avec une extrême lenteur sous la cendre qui le couvre et le conserve tout à la fois. Un événement, rapporté comme une chose miraculeuse par *Denis d'Halicarnasse*, vient à l'appui de notre conjecture.

« C'est une chose mémorable, dit l'historien grec, que les marques de protection données par la déesse *Vesta* aux vierges chargées de son culte.

« Le feu sacré s'étant éteint un jour par l'imprudence d'*Emilie*, toute la ville de Rome se trouva dans le trouble et la consternation. Le zèle des pontifes qui avaient inspection sur la conduite des Vestales, s'alluma particulièrement en cette occasion ; ils soupçonnèrent la prêtresse d'avoir violé son vœu de chasteté, et d'avoir causé ainsi l'extinction du feu commis à sa vigilance, pendant qu'elle était de garde. »

Le cas était grave et bien alarmant pour la jeune prêtresse, car on a vu ci-dessus quelle était la peine irrévocablement infligée aux gardiennes impures. *Emilie*, hautement accusée, et ne trouvant aucun défenseur, s'avança tout éplorée près de l'autel, puis elle s'écria : « *O Vesta ! puissante protectrice de l'empire, si jusques ici j'ai observé mes devoirs, n'abandonne pas ta prêtresse innocente et sur le point de marcher à la mort.* »

A ces mots, la prêtresse déchira le voile qui la couvrait, et le jeta sur l'autel de Vesta. A peine y fut-il tombé, que les *cendres froides* se réchauffèrent ; on vit soudain la flamme briller, et le morceau du voile fut consumé à l'instant.

Des *cendres froides* qui se rallument : voilà un prodige ! C'est un feu pareil qui prit, selon *Suétone*, à *Misène*, la nuit que *Tibère* y mourut, dans la maison de *Lucullus*. Mais quoi qu'il en soit de cette tradition superstitieuse, elle nous instruit toujours des usages du temps. Ce n'était point du bois que l'on brûlait sur les autels de *Vesta*, non plus que dans les maisons des Grecs et des Romains, avant l'invention des cheminées et des poëles dont parle Cicéron : c'était sans doute du charbon et de la braise qui étant allumés dehors, donnaient ensuite le *feu pur* dont parlent *Columelle*, *Caton*, et *Anacharsis* dans *Plutarque* : c'était vraisemblablement encore du poussier couvert de cendre, qui, comme on le voit dans *Suétone*, servait à échauffer l'appartement de l'empereur *Tibère*.

CHAPITRE VII.

Les cheminées chez les peuples modernes.

Les *vaporaria* des Romains du siècle d'Auguste, c'est-à-dire ces foyers à longs tuyaux maçonnés, depuis les caves jusqu'au-dessus des toits, leur donnèrent sans doute l'idée des cheminées proprement dites. Ce qu'il y a de certain, c'est qu'ils firent peu usage de cette heureuse invention, imitée depuis, et multipliée à l'infini chez les nations modernes, qui en ont fait à la fois et la principale pièce et l'ornement de leurs maisons soit à la ville, soit à la campagne.

Les architectes ont en conséquence réduit en art la construction des cheminées ; elles doivent être composées d'un âtre ou foyer, d'un contre-cœur destiné à une plaque de fonte, de deux jambages, bordant l'ouverture de l'âtre, dont la profondeur ne doit pas excéder vingt-quatre pouces, d'un manteau, d'une tablette, d'un chambranle et d'un tuyau, placé autrefois en ligne droite, et qui est maintenant dévoyé pour diminuer l'action du vent; il est à observer que la meilleure construction des cheminées, quant à la matière, est l'emploi de la brique posée de plat.

La décoration des cheminées est devenue un objet d'importance, généralement dans toute l'Europe. Autrefois on les surchargeait de sculptures, de bas-reliefs, de figures de toute espèce; mais depuis cent ans environ, on y a substitué des glaces à parquets dorés et ornés de peintures. Pierre *de Cotte*, premier architecte de Louis XV, est celui qui a principalement contribué à cette mode brillante, mais dispendieuse, et qui hausse infiniment la location et le prix des bâtimens, sans utilité réelle. On se révolta généralement contre cette nouveauté qui déconcertait l'économie des pères de famille, et qui choquait la simplicité des personnes sages; mais le mauvais exemple est une contagion. Le fol amour du luxe et la coquetterie des femmes, admirant sans cesse et leurs pompons et leur figure, prévalurent bientôt; et, par un contraste assez ordinaire, on raffola de la nouvelle mode, au point qu'un honnête homme est réduit à rougir en quelque sorte aujourd'hui, s'il n'y a pas au moins un petit trumeau sur sa cheminée.

En louant les architectes modernes d'avoir sinon inventé, du moins réduit en art des pièces aussi utiles que le sont les cheminées en général, il se présente une observation qu'on ne saurait trop répéter à ceux qui les construisent. Qu'importe d'avoir un foyer splendide, si l'on s'y brûle, ou si, au moindre changement de temps, des gouffres de fumée en sortent, suffoquent ceux qui s'y chauffent, et finissent par couvrir d'une teinte de suie les tentures et les meubles? Sur cent *cheminées*, il est notoire qu'il y en a plus de cinquante qui sont sujettes toute l'année à cet inconvénient si cruel surtout pour les malades et les personnes infirmes.

Un écrivain dit à ce sujet : « On emploie « d'ordinaire aux cheminées qui fument « des ouvriers qui n'ont en partage qu'une « routine aveugle; mais cet art serait uni- « quement du ressort des architectes éclai- « rés par les lumières de la physique, et ils « ne s'en mêlent guère. » Pourquoi donc ne s'en mêlent-ils point? ou pour parler plus justement, pour quelle raison négligent-ils de faire la principale partie de l'ouvrage qu'ils entreprennent? Le médecin que l'on appelle pour guérir un mal, ferait-il bien sa profession, s'il tournait ses lumières vers l'extérieur de la coupe, et s'il se mettait peu en peine de la salubrité de la médecine qu'elle renferme ?

Il devrait y avoir une police particulière à cet égard. Pour la perfection et la gloire de l'art, et surtout pour le bien de l'humanité, les architectes et les maçons devraient être responsables de l'inconvénient de la fumée dans les maisons qu'ils bâtissent : alors ils s'évertueraient à trouver les moyens nécessaires de l'empêcher ; alors l'art du fumiste ne serait point abandonné au hasard comme il l'est encore aujourd'hui. Je dis plus, les cheminées des riches comme celles des pauvres devraient être construites de façon qu'elles ne consumassent que fort peu de bois, et qu'elles rendissent beaucoup plus de chaleur; car, comme le dit fort bien M. *Gauger*, dans sa Mécanique du feu : *à considérer la plupart des cheminées, on croirait qu'elles ont été construites pour y brûler seulement du bois, et ne donner que le moins de chaleur possible.*

Cette réflexion est frappante de vérité. Mais la fumée n'est pas la seule incommodité qui soit attachée à nos foyers en général. La cheminée d'une chambre est destinée sans doute à nous garantir de l'humidité et du froid des mauvaises saisons. Cependant tout le monde ne saurait s'y chauffer : les trois ou quatre champions qui s'emparent d'abord du poste, et qui suffisent pour l'occuper entièrement, s'y maintiennent, je l'avoue, avec assez de bravoure, moyennant les écrans qui leur servent de bouclier; mais à deux pas de là, et dans les autres coins de la salle ou du salon, les autres compagnons n'y suent guère, et rarement ils courent risque d'y étouffer.

Aussi les hommes du Nord, les Allemands, les Suédois et les Russes, accoutumés à avoir chaud partout, à l'aide de leurs poêles, n'approuvent point du tout la manière de nous chauffer. J'ai vu, dit l'auteur des *cheminées à soufflet*, nombre de personnes de considération et d'esprit qui, venues de ces climats glacés, ne pouvaient comprendre que l'on se courbât en deux dans un foyer, qu'on s'y mît et la tête et les pieds pour griller par devant, et geler par derrière. Elles disaient avec raison qu'au lieu de guérir un mal, nous nous exposions à deux à la fois, à celui de souffrir du froid au centre d'un brasier; puis, par un excès contraire, d'y devenir martyrs du feu, et de consommer en outre quantité de bois, sans en être mieux chauffés pour cela.

L'auteur qui cite ces opinions, ne s'est pas contenté de parler des défauts de nos foyers, il a cherché les moyens de les corriger ; il y a réussi parfaitement, comme on peut en juger par son excellent ouvrage, et par la description succincte que nous allons donner de la cheminée économique et salutaire qu'il a inventée pour échauffer un appartement de tous côtés, avec peu de bois, et sans rien craindre de la fumée.

CHAPITRE VIII.

Cheminées à jambages paraboliques et à soufflet.

Avant d'entrer dans quelques détails sur cette cheminée, inventée par M. *Gauger*, nous citerons d'abord deux mots de sa préface : « Ceux qui ne jugent du prix des machines, dit cet ingénieur, que par les efforts d'esprit qu'il faut faire pour les inventer; par le grand nombre des ressorts qui les font jouer ; par la difficulté qu'il y a de les construire, et par la dépense que l'on fait pour les exécuter, ne doivent point trouver de leur goût celles que nous donnons ici. Mais ceux qui les estiment par la simplicité de leur construction, par leur commodité, leur utilité et les avantages que l'on en retire, pourront préférer cette nouvelle cheminée à beaucoup d'autres machines plus ingénieuses.

« 1.° *Une plaque de tôle ou de cuivre, courbée; 2.° par derrière cette plaque, un vide rempli par des tuyaux qui aient communication entre eux, et qui reçoivent l'air du dehors par le moyen d'un conduit formant la ventouse; 3.° une petite trappe placée au milieu du foyer et faisant la fonction de soufflet; voilà en quoi consiste toute la mécanique de notre cheminée, dont les jambages doivent surtout former des lignes paraboliques, et dont la tablette doit être horizontale.*

DES FRILEUX. 47

« Allumer promptement du feu; le voir toujours flamber, si l'on veut, et quelque bois que l'on brûle; avoir chaud de tous côtés, quelque grand froid qu'il fasse; respirer toujours un air nouveau et à tel degré de chaleur que l'on souhaite; ne sentir jamais de fumée ni d'humidité dans sa chambre : voilà en deux mots les avantages de cette invention, qui est néanmoins bien simple.

« Je puis dire avec vérité que depuis que je me sers de ces sortes de cheminées, chaque année m'en a démontré les heureux effets, même dans des endroits auparavant inhabitables, soit par la fumée soit par l'impétuosité des vents et par le froid.

« En 1709, l'eau qui gelait partout ailleurs, et même assez près du feu, est restée liquide pendant la nuit dans ma chambre, quoiqu'il n'y eût plus de feu avant minuit.

Manière dont le feu de la cheminée à soufflet échauffe un appartement.

Pour se former une idée des effets de la cheminée dont il est question, il faut savoir d'abord que la chaleur monte toujours directement : elle doit en conséquence se perdre presque entièrement dans les cheminées ordinaires. Mais dans celle-ci, la chaleur, au lieu de s'évaporer par le canal de la cheminée, se répand entièrement dans la chambre, et l'on va voir de quelle manière rien n'est si simple.

1.° Le feu, animé par le vent du soufflet, consistant en une petite trappe placée au centre du foyer, échauffe d'abord l'espèce de boîte de fer qui est derrière la plaque, puis les diverses cavités qui sont pratiquées sous l'âtre, sous la tablette et dans l'épaisseur des deux jambages de la cheminée.

2.° L'air froid qui vient du dehors, et qui s'introduit par un tuyau communiquant au bas d'un jambage, prend d'abord un fort degré de chaleur dans la boîte de fer.

3.° Ce même air montant avec rapidité, s'échauffe d'autant plus qu'il est obligé de faire mille et mille circuits dans les cavités susdites.

4.° Après que cet air chaud a ainsi voyagé, et qu'il a passé des cavités du bas dans celles des jambages de la tablette, qui est creusée et remplie de divers tuyaux d'un bout à l'autre, il sort avec force et tout brûlant par une ouverture opposée et placée dessus l'autre jambage, tout au coin de la tablette.

On conçoit bien aisément comment cet air se répandant ensuite dans la chambre, l'échauffe jusque dans les moindres recoins. Ce qu'il y a de mieux, c'est que moyennant un thermomètre, on met la chaleur au degré que l'on désire : il suffit pour cela, si la chambre est trop chaude, de diminuer l'ouverture d'où sort l'air échauffé, ou de la fermer s'il est nécessaire. Si le degré de chaleur n'est pas suffisant, on augmente le feu en y mettant soit du bois, soit du charbon, et en tenant la trappe du soufflet ouverte. Voilà toute la magie de la nouvelle cheminée. Cependant, sa construction demande de l'intelligence, des combinaisons et une infinité de proportions analogues au plus ou moins d'étendue des pièces. En effet, le grand salon du Louvre ou des Tuileries exigerait d'autres mesures que celles d'un boudoir ou d'un cabinet d'étude. Il faut étudier toutes ces proportions dans le livre de l'auteur, et cette besogne n'est pas celle d'un maçon ni d'un architecte ordinaire.

CHAPITRE IX.

De la chaleur par rayons, et de celle qui est opérée par la transpiration.

On comprendra bien mieux encore l'utilité de la cheminée à soufflet, en observant que le feu des combustibles qui flambent et jettent de la fumée, peut échauffer une chambre de deux manières différentes :

1.° Par *rayons directs* ou *réfléchis* ;
2.° Par *transpiration.*

Le feu par *rayons directs* donne une chaleur qui sort directement du foyer sans être arrêté par aucun obstacle.

La *chaleur par transpiration* est formée par les rayons du feu, qui se concentrent dans une cavité quelconque, et qui en sort modifiée, par les pores de la pierre ou du métal qui la renferme. Telle est la chaleur d'un poêle.

Mais il est à observer que la chaleur par *transpiration*, obtenue par la cheminée à soufflet, est incomparablement préférable à celle d'un poêle, et voici la raison. L'air est renouvelé sans cesse par le moyen de la cheminée nouvelle; il est pur, chaud, et très-salubre; celui du poêle, au contraire, est stagnant, épais, corrompu et très-dangereux à respirer, surtout quand la pièce contient plusieurs personnes.

Ajoutons que le feu par *transpiration* chauffe bien mieux que le feu par *rayons directs*. Ce que nous avons dit des *porte-feu* des anciens le prouve suffisamment; et il ne faut pas s'étonner qu'ils ne se soient point servis de cheminées pour échauffer leurs appartemens, et qu'ils les aient réservées pour leurs cuisines.

L'inventeur de la *cheminée à soufflet*

a divisé son livre, intitulé *Mécanique du Feu*, en trois parties :

La première explique les dispositions, les effets et les avantages de la nouvelle cheminée. Il l'a ornée de onze gravures ;

La seconde forme un excellent traité sur les moyens de parer aux inconvéniens de la fumée. Tout y est soumis à des observations qui décèlent le bon physicien, et qui sont vérifiées par nombre d'expériences ;

La troisième partie expose des règles et des instructions très-claires pour la construction des nouvelles cheminées, dont l'auteur résume aussi en peu de mots les divers avantages dans son livre de la *Mécanique du Feu*, page 242.

CHAPITRE X.

Des effets et des propriétés des nouvelles cheminées.

Par le moyen des nouvelles cheminées, on peut : 1.° Allumer très-promptement du feu, et le voir flamber, quelque verd que soit le bois que l'on brûle ;

2.° Echauffer en peu de temps une très-grande chambre et même une seconde ;

3.° Augmenter ou diminuer au besoin la chaleur d'un appartement ;

4.° N'avoir jamais ni humidité ni fumée, et se chauffer parfaitement de tout côté sans se brûler les yeux, les jambes, le visage, comme il arrive toujours aux cheminées ordinaires.

5.° Faire venir continuellement un air

chaud autour de soi, quelque éloigné que l'on soit du feu.

6.° Bassiner et chauffer son lit, même pendant qu'on y est couché, et faire souffler un air chaud sur la partie du corps qui éprouve quelques douleurs (1).

7.° Chasser en quelques minutes tout l'air d'une chambre, en respirer ainsi un toujours nouveau, toujours chaud et au degré que l'on veut, et se préserver ainsi des incommodités et des maladies qui proviennent si fréquemment d'un air usé et corrompu, etc., etc., etc. »

Le lecteur fera sans doute ici une objection, et dira : *Mais si ces cheminées sont*

---

(1) Le moyen que M. Gauger emploie pour cela est très-simple : c'est d'appliquer à la petite ouverture d'où sort l'air chaud, c'est-à-dire au coin de la cheminée, un long tuyau de carton ou de cuir que l'on fait entrer dans le lit.

si utiles, d'où vient donc l'usage n'en a-t-il pas été adopté? — Je répondrai que tel est l'empire de l'habitude d'une part, et de l'autre, la négligence ou la crainte de dépenser quelqu'argent : la plupart des hommes restent éternellement comme ils se trouvent; il n'y a que l'impérieuse nécessité qui nous fasse remuer un peu; encore ne prenons-nous le plus souvent que des demi-mesures.

Ce qu'il y a de plus fâcheux, c'est que les auteurs des immenses recueils destinés à conserver la mémoire de ce qui est relatif aux sciences et aux arts, oublient précisément d'y insérer les inventions utiles à l'humanité; ils ne s'occupent que du merveilleux, du brillant, et trop souvent de mille frivolités. Le *Dictionnaire Historique* a omis l'article de M. *Gauger*; et l'*Encyclopédie*, qui devait nous donner un extrait étendu de sa *Mécanique du Feu*, n'en a absolument cité que le titre et le nom de l'auteur.

Au reste, les Anglais ont su profiter des lumières de cet estimable écrivain : ils ont mis son ouvrage à contribution, et ils ont modifié chez eux son invention et ses idées de mille manières ingénieuses.

CHAPITRE XI.

Les Poëles à serpent.

Notre mécanicien dit au commencement de son livre : « On pourra donner dans la suite deux autres parties de cette mécanique; l'une contiendra un traité de *nouveaux poëles*, qui échaufferont davantage, et avec moins de feu, sans fumer en aucune manière; ces poëles feront respirer un air toujours nouveau, etc., etc. »

J'ignore si ce traité, que j'ai cherché vainement, a été imprimé; mais un physicien m'a dit que d'après des cheminées à soufflet, on avait imaginé, en Russie, des *poëles à serpent*. Ils portent ce nom, parce qu'effectivement le foyer de ce poële renfermé un *serpent de fonte*, replié sur lui-même, comme ces petits pains de bougie que l'on met dans les lanternes. Ce serpent est creux ; l'air du dehors entre dans sa queue par le bas du poële, et il en sort brûlant par la tête du reptile, qui élève en spirale le reste de son corps autour du tuyau ; de façon que l'air de la pièce s'y renouvelle assez rapidement. En effet, telle est la propriété de l'air chaud, **qu'il monte sans cesse** au-dessus de celui qui est froid, qu'il le presse graduellement par l'augmentation de sa masse, et qu'il le fait ainsi sortir par les moindres ouvertures et par celle même du foyer où le feu est allumé. Cette manière de changer l'air d'une chambre et de le purifier, est plus sûre que par les fumigations qui amalgament l'air vicié avec celui qui ne l'est pas encore, et ils restent ainsi tous deux dans le même local.

De pareils poêles seraient bien nécessaires dans les pensions, les hospices, et surtout dans les bureaux. On ne fait pas assez attention que l'air de ces endroits, remplis de monde, s'épaissit et se corrompt par l'haleine, les nombreux corpuscules et les miasmes émanés du corps humain. Comment des commis et nombre d'employés, occupés à un travail long, sédentaire et sérieux, pourraient-ils jouir d'une bonne santé en respirant un tel air? en y restant surtout une bonne partie de la journée, puis en venant s'enfermer de nouveau chez eux ou dans quelque spectacle pour s'y délasser? Que de fièvres putrides, que d'infirmités, proviennent néanmoins de cette cause, à laquelle il est cependant si facile de remédier!

Mais l'insouciance, mais la routine.....
D'une autre part, les médecins n'ignorent
point que malgré la jeunesse, malgré une
santé d'athlète, un homme est tué en détail par le mauvais air. Pourquoi donc ne
parlent-ils pas? Ils professent un art assez
important dans la société pour s'y faire
écouter un peu mieux que les moralistes.

Je ne puis terminer cet article important
sans y joindre les propres réflexions de l'auteur des nouvelles cheminées, touchant leur
salubrité considérée sous tous les rapports;
elles sont judicieuses, et prouvent son zèle
pour le bien de l'humanité.

La chaleur prompte, douce et agréable
que l'on ressent en échauffant une chambre
et en y renouvelant l'air par le moyen de
la *cheminée à soufflet*, n'est pas le seul
avantage que l'on en retire lorsque l'on se
porte bien; elle nous préserve en outre de
plusieurs incommodités causées par l'excès

DES FRILEUX. 61

du froid et par le trop grand feu. En effet, comme on n'est pas obligé de se tenir à la la cheminée pour se chauffer, on n'y ressent point ces traits subtils et cuisans du bois embrasé, qui, par leur grand mouvement et leur âpreté, brûlent les yeux, crispent la peau et dessèchent même les poumons.

D'une autre part, quand une personne est alitée, on n'ose ouvrir ni porte ni fenêtre, pour changer l'air; c'est à peine si l'on écarte un peu le coin de ses rideaux. L'haleine gâtée du malade, les humeurs qui transpirent de son corps atténué, les odeurs même des divers remèdes, des boissons et des médicamens, tout concourt à corrompre l'air qui reste toujours le même et le jour et la nuit. Ainsi le pauvre malade respire un air plus empesté encore que celui qu'il exhale. Peut-on douter que ce ne soit souvent la cause de la mort des infirmes, de ceux même qui les gardent et quelquefois des amis qui les visitent?

J'observerai en outre que cet air pur et chaud que la nouvelle cheminée introduit et fait circuler sans cesse dans la chambre d'un malade, fait qu'il n'est point nécessaire de le tenir si couvert qu'on le pratique ordinairement, jusqu'à l'étouffer pour ainsi dire. Les sueurs ne sont plus provoquées à contre-temps; il respire un air salubre, et s'il ne guérit pas tout à coup, son mal du moins, au lieu d'être doublé par la contagion, est sensiblement adouci, et il éprouve ce *mieux* qui est le précurseur et l'annonce du retour à la vie.

On serait tenté de croire que l'auteur qui écrivait ainsi, professait la médecine. Nullement; c'était un particulier jouissant de trente mille livres de rentes, et qui cultivait les sciences par inclination; il était bon géomètre, et ce qui a nui peut-être à

son livre, qui cependant a eu trois éditions, c'est que, d'un bout à l'autre, il est rempli de figures géométriques et de calculs qui ne sont guère compris de la plupart de ceux qui bâtissent ou qui font bâtir. Cette conjecture est appuyée par une note de l'auteur lui-même, qui, étant riche, paraît n'avoir d'abord construit la nouvelle cheminée que pour son propre usage, et qui dit :
« On a voulu, depuis quelques mois, con-
« trefaire ces cheminées, sans en avoir com-
« pris la construction. L'envie que plusieurs
« personnes de mérite et de considération
« ont témoigné d'en avoir de pareilles, la
« dépense qu'elles font inutilement pour y
« parvenir, et les sollicitations de quelques
« amis, sont les seules causes qui ont engagé
« à publier ce Traité. »

Il est à remarquer que c'est depuis la publicité de ce Traité, que les poéliers étrangers et nationaux ont imaginé ces gros poëles où la chaleur circule dans plusieurs tuyaux et se répand ensuite par des bouches à feu dans l'endroit où ils sont posés. Mais comme on n'a suivi qu'imparfaitement ou en partie l'idée de l'auteur de la *Mécanique du feu*, ces nouveaux foyers qui sont très-chers, d'un volume embarrassant, diffèrent peu des autres, quant à la chaleur qu'ils procurent, et ils ne sont pas moins dangereux pour la santé.

CHAPITRE XII.

Les Poëles ordinaires.

Les poëles dont on fait usage aujourd'hui dans presque tous les pays où le froid domine, sont diversifiés à l'infini, et ils fourniraient, seuls, de quoi faire un volume qui ne serait point sans observations intéressantes. Nous dirons seulement que ces foyers si bien imaginés par les Romains, pour échauffer de tous côtés, et même plusieurs pièces à la fois, ont deux inconvéniens : premièrement, les poêles ordinaires sont très-nuisibles à la santé surtout des femmes et des enfans ; en second lieu, quoi qu'on puisse dire, l'expérience prouve qu'ils consomment beaucoup plus qu'une cheminée, si l'on veut obtenir une chaleur suffisante et graduée au degré du froid. Or, la cherté du bois doit finir par les rendre bien moins communs, à moins qu'on n'y brûle du charbon minéral ou de la tourbe.

Quand une pièce est échauffée par un poêle, on a grand soin d'empêcher les moindres accès de l'air du dehors, dans la crainte de dissiper la chaleur du dedans ; or, tout le monde sait et convient que rien n'est plus nuisible à la santé : on l'aperçoit tout d'abord par la pâleur, par le teint livide et plombé de ceux qui restent long-temps renfermés dans des endroits où sont ces sortes de foyers.

En effet, l'air que l'on y respire est toujours dangereux, faute d'être renouvelé. Si l'on y fait grand feu, comme dans les bureaux où le bois est fourni par le gouvernement, alors la chaleur y est excessive et débilite tous les organes; si, par une économie forcée, on les allume le matin, pour n'y mettre aucun aliment le reste de la journée, ou de loin en loin, l'air attiédi n'a plus de ressort; outre que le froid s'empare bientôt et des pieds et des mains près de ces simulacres de feu, on y sent une odeur désagréable de faguenas, on n'y respire qu'un air usé, épais et corrompu, au point qu'on n'a plus d'appétit et que l'on éprouve un malaise continuel. L'ouvrier qui agit, qui chante et remue fortement son corps, n'est pas si sensiblement incommodé; mais l'artiste sédentaire, mais l'écrivain immobile

DES FRILEUX.

qui chiffre ou qui médite, sent mourir alors sa pensée, son imagination s'engourdit; et finit par devenir stérile.

Mais, dira t-on, comment font les peuples du Nord? Je répondrai que sans être exempts tout-à-fait des incommodités attachées à l'usage des poëles, ils ont un remède naturel dans la rigueur même du froid qui domine en ces climats de glace. Comme il est si pénétrant qu'il surmonte tous les obstacles qu'on lui oppose, il s'introduit toujours dans les étuves de la Russie, et il y renouvelle graduellement l'air qui d'une autre part est purifié par la grande activité du feu que l'on entretient continuellement, parce que le bois y est moins cher que chez nous. Cette espèce de contre-poids fait régner dans les habitations des hommes du Nord une chaleur proportionnelle qui les échauffe sans les énerver.

Qui croiroit qu'à Berlin, par exemple,

les bourgeois aisés surtout jouissent, près de leurs poëles, d'une température d'air aussi douce, tout aussi pure que celle qui est produite par le soleil dans les beaux jours de l'été? Leur moyen est simple et puisé dans la nature; ils pratiquent à chaque côté de leurs fenêtres des gradins remplis de lilas, de rosiers, de jasmins, d'orangers, etc. Ces arbustes croissent et fleurissent tour à tour à l'aide des grands poëles de faïence qui les échauffent : l'odeur suave qu'ils répandent fait régner dans l'appartement un air vraiment **végétal** qu'on y respire avec délices.

Les étrangers qui passent par les rues de Berlin, en hiver, n'y voient point sans surprise, à travers de grands verres de Bohême, les rians salons des rez-de-chaussée. Ces poëles superbes, d'une grande dépense, et représentant toutes sortes de figures, ce contraste des neiges et des fleurs qui font régner le printemps au centre des frimas, ces jeunes Allemandes mises avec goût, toujours tout en blanc, et travaillant sous un berceau de feuillages près de leurs mères laborieuses, offrent vraiment un coup d'œil enchanteur, et qu'on admirait surtout lorsque le grand Frédéric donnait des lois, et la splendeur et la félicité à cette contrée belliqueuse.

CHAPITRE XIII.

DES COMBUSTIBLES.

Les Forêts et les Bois considérés relativement au chauffage.

LA Nature toujours riche, toujours abondante et prodigue de ses dons, a répandu partout sur le globe des forêts, des bois et des bocages. Ces immenses végétaux dont les berceaux épais furent jadis l'unique habitation de l'homme encore sauvage, nous fournissent de siècle en siècle les premières matières des combustibles indispensables, soit pour nous défendre des rigueurs du froid, soit pour préparer et faire cuire les alimens qui nous sustentent.

Différentes des bois, beaucoup plus circonscrits dans leur étendue, les forêts sont considérables et couvrent souvent un pays tout entier. Une forêt est formée d'une multitude d'arbres de toutes les espèces, de toutes les grandeurs et de tout âge. On y distingue deux sortes de bois : le *gaulis* ou la jeune *futaie*, qui a depuis vingt-cinq jusqu'à soixante ans, et la *haute futaie*, depuis quatre-vingt-dix jusqu'à cent.

Les forêts, si nécessaires pour la construction des bâtimens et des vaisseaux, si utiles pour le chauffage des différens peuples, ont toujours fixé l'attention et la sollicitude des gouvernemens. On a toujours attaché une haute importance à leur accroissement et à leur conservation. Elles ont même été regardées en général comme un domaine de l'état; et elles ont été conséquemment administrées en son nom.

Nous remarquons même dans l'histoire que, venant au secours de la politique, pour l'usage d'un combustible essentiel et si précieux, la religion consacrait autrefois les bois et les moindres bocages chez les anciens et dans les Gaules. Sans doute que les chefs des nations voulaient défendre par le moyen d'une espèce de culte, ce qu'il importait grandement de multiplier, de cultiver et de conserver pour l'utilité générale, et pour le besoin renaissant des particuliers.

L'importance de cet objet a été sentie de tout temps; et ce n'est point sans raison que l'on se plaint de la dégradation alarmante des forêts. Le bois à brûler est très-cher, celui de charpente et de construction devient tellement rare, dit un savant agricole, que MM. de *Réaumur* et de *Buffon* ont consigné, dès l'année 1720, dans les *Mémoires de l'Académie*, des réclamations fortement motivées contre ce dépérissement.

En fait de bois, lorsque l'on s'aperçoit de la disette, elle devient bientôt extrême; il faut cent cinquante ans pour former une poutre. La réparation des forêts éprouve mille obstacles : celui qui en porte les charges n'étant pas destiné à jouir du fruit des dépenses qu'il fait à ce sujet, ne prend que des demi-mesures, ou n'agit qu'avec lenteur.

Ajoutons que cette partie de l'économie rustique est aussi moins connue. On ne pourrait être suffisamment instruit que par des expériences traditionnelles, bien suivies; et malheureusement le temps, la contenance et les moyens manquent au plus grand nombre.

Autrefois les forêts couvraient des régions en totalité; nous le voyons à l'inspection seule de la carte des Gaules remplies de bois, et surnommée *Gallia comata*, long-temps encore après que César en eut fait la conquête. Il est facile aussi d'en juger par l'historique de l'île de *Madère*, près des côtes occidentales de l'Afrique, à cent lieues des Canaries. Lorsqu'elle fut découverte par *Jean Gonzales*, portugais, ce navigateur ayant allumé du feu pour se chauffer avec ses compagnons, la flamme gagna insensiblement d'arbre en arbre; il y en avait une quantité si prodigieuse, que l'incendie dura pendant sept années entières. Les cendres de ces nombreux végétaux furent un excellent engrais pour la terre : le maïs et les cannes à sucre y vinrent en abondance; la vigne surtout y prospéra au point qu'il n'est pas rare d'y cueillir des grappes de raisin longues de deux pieds, et pesant au-delà de quinze ou vingt livres. C'est de Madère que nous vient l'excellent vin de *Malvoisie;* nectar délicieux que les Anglais transportent avec celui des Canaries par milliers de tonneaux, et qui les dédommage passablement de leur froide et triste bière.

Mais c'est surtout dans les mornes de l'Amérique Septentrionale, que l'on peut se former une idée de ces immenses végétaux qui dominèrent jadis toutes les parties du globe, qui n'étaient pas occupées par les eaux. Couvrant, depuis des siècles, des montagnes d'une prodigieuse élévation, les forêts y sont hérissées de ronces, d'églantiers sauvages et d'une masse de lianes qui en défendent l'accès : toujours habitées par de monstrueux reptiles, remplies de mille fourmilières d'insectes énormes, il n'est guère de naturaliste, si curieux qu'il puisse être, qui ait le courage de s'enfoncer dans ces retraites impénétrables aux rayons du soleil. Il semble que la Nature se soit réfugiée dans ces déserts pour s'y mettre à l'abri des incursions et des ravages de l'homme destructeur, et pour y saisir au moins un reste de liberté. Ces mornes, d'une majesté imposante et d'un abord terrible, ne sont absolument accessibles qu'à des malheureux nègres marrons qui y cherchent un asile contre l'avarice de tant d'Européens cruels qui, l'*Evangile* ou *Platon* à la main, les font tailler froidement à coups de fouet, et leur donnèrent même trop souvent la torture et la mort pour des torts légers.

CHAPITRE XIV.

Grande consommation du bois. Sa rareté. Utile invention de Jean ROUVET *pour y remédier.*

Si l'on jette un coup d'œil sur la consommation prodigieuse de *bois* qui se fait en Europe, dit *Buffon*, par la charpente, la menuiserie, les feux de forges, les fonderies, les verreries, les cheminées, les charbonnières ou fours à charbon, on concevra facilement de quelle importance doivent avoir été en tout temps, et chez toutes les nations, pour le public et pour les particuliers, la plantation, la culture et l'emploi de ce combustible.

Le *bois*, qui autrefois était fort commun en France, suffit à peine de nos jours aux usages indispensables, et l'on est menacé

DES FRILEUX.

d'en manquer absolument pour l'avenir. Mais ce n'est pas assez de se plaindre d'un mal que l'on sent déjà, et qui ne peut qu'augmenter avec le temps, il faut en chercher le remède, et tout bon citoyen doit communiquer au public les réflexions et les expériences qu'il a faites à cet égard.

Le bois de chauffage est neuf, ou il est flotté. Les marchands de *bois neuf* l'embarquent sur des rivières navigables, et il nous parvient ainsi jusqu'à Paris; mais le bois neuf ne fait guère aujourd'hui que le quart de la consommation de cette grande ville.

Quant aux marchands de *bois flotté*, ils font venir leurs différens bois des provinces plus éloignées; ils les jettent d'abord à *bois perdu* sur les ruisseaux qui se rendent dans des rivières sur lesquelles ce commerce est établi; ensuite ces mêmes rivières les amènent encore à bois perdu, mais portant la marque particulière de chaque marchand, jusqu'aux endroits où il est possible de les mettre en trains, pour les conduire jusqu'à Paris ; mais il est à remarquer que c'est néanmoins après avoir retiré ces bois de l'eau, avant d'en former des trains, et les avoir fait sécher suffisamment, sans quoi le bois irait à fond et serait perdu.

Il y a déjà trois cent trente-six ans que l'on était dans l'appréhension que la capitale ne manquât un jour de bois de chauffage; les forêts des environs se détruisaient, et l'on prévoyait qu'il faudrait y transporter un jour le *bois* des provinces éloignées, ce qui rendrait ce combustible d'un prix exorbitant, par rapport aux frais du charroi; enfin, la chose prévue arriva quelques années après : la pénurie se fit même sentir au point que les personnes aisées désertaient Paris. Alors un riche bourgeois de cette ville s'occupa des moyens de remédier à la disette, et il y sacrifia même la plus grande partie de sa fortune.

Ce citoyen recommandable, et qui a tant de droits à notre reconnaissance, se nommait *Jean Rouvet*. J'ai vainement cherché son nom dans le *Dictionnaire des Hommes illustres*, afin de savoir des particularités sur sa vie; et j'ai reconnu encore en cette occasion que ce ne sont pas ceux qui ont rendu les plus grands services à l'humanité dont on conserve la mémoire.

Voici ce que fit *Rouvet*, pour amener du bois en abondance et à peu de frais jusqu'au centre de Paris : il fit rassembler les eaux de plusieurs ruisseaux, on y jeta le bois coupé dans les forêts les plus éloignées, et on le fit descendre ainsi jusqu'aux grandes rivières, où l'on en forma des trains qui flottèrent ainsi jusqu'à l'île Louviers, où ils furent alors mis en pile.

« J'ose assurer, dit un auteur célèbre, que cette invention fut plus utile au royaume que plusieurs batailles gagnées, et qu'elle méritait des honneurs au moins autant qu'aucune belle action. Ceux qui voient arriver à Paris ces longues masses de bois flottés, sont effrayés pour les hommes qui les conduisent, surtout à l'approche des ponts, où le moindre choc contre les arches serait dans le cas de les faire périr avec le train qu'ils conduisent. Mais il y a peu de personnes qui remontent jusqu'à l'étendue des vues, et à l'intrépidité du citoyen généreux qui rassembla à grands frais, des milliers de ruisseaux, et qui fut assez hardi pour y jeter ensuite le reste de sa fortune.

Jean Rouvet fit les premiers essais de son invention dans le Morvan ; il rassembla tous les ruisseaux de cette contrée, il fit couper les bois dont il était propriétaire, et donna l'exemple, en les abandonnant avec hardiesse au courant des eaux. Il réussit; mais son projet, traité de folie avant l'exécution, et long-temps traversé avant et même après le succès, comme c'est la coutume, fut porté à sa perfection, et ne reçut toute l'étendue dont il était susceptible, que quinze ans après, par *René Arnoul.* »

CHAPITRE XV.

Dénomination de différens bois de chauffage. Réflexions importantes.

Blanc-bois. On comprend sous ce nom tous les arbres dont non seulement le *bois* est *blanc*, mais en outre cassant, léger et peu solide : tels sont le *saule*, le *peuplier* d'Italie, le *tremble*, le *bouleau* et *l'aulne*; mais le *châtaignier,* le *tilleul,* le *frêne,* le *sapin,* le *charme,* etc., s'appellent *bois blancs*, et non *blancs-bois*, parce que, quoique blanchâtres, ils sont fermes et propres aux grands ouvrages.

Les *blancs-bois* viennent vite, même dans de mauvais terrains; mais ils n'ont point de consistance, et ne peuvent entrer que pour un tiers au plus dans le bois de chauffage.

Gros bois. Tout le gros bois est compris sous le nom générique de *bûches*. Chaque bûche, de quelque bois que ce soit, doit avoir trois pieds et demi de long.

Les plus grosses bûches, dites *bûches de compte*, doivent avoir dix-huit pouces de tour, et elles se mesurent dans un anneau qui a cette circonférence.

Le *bois* de *traverse* suit immédiatement en grosseur le bois de compte; il doit avoir dix-sept pouces de tour. On appelle *bois taillis* celui qui n'a que cinq à six pouces de tour.

Le *bois* de *corde* doit avoir au moins dix-sept pouces de tour. Depuis 1641, on se sert d'une membrure de charpente qui retient le nom de *corde* dont on se servait auparavant.

Le *menu bois* s'appelle *coteret*, *fagot* et *bourrée*. Les *fagots* sont composés de branches d'arbres menues ; ils doivent avoir trois pieds et demi de long sur dix-huit pouces de tour.

Les *coterets* doivent avoir deux pieds de long et dix-huit pouces de tour ; la mesure est la même pour les *bourrées*, qui sont formées de broussailles d'épines et de ronces, dont le feu est extrêmement âpre.

Bois neuf. C'est celui que l'on apporte dans des bateaux sans qu'il ait trempé dans l'eau comme le bois flotté.

Bois pelard. C'est celui que l'on dépouille de son écorce pour faire du tan et préparer les cuirs : ce petit bois est à l'usage des boulangers et des rôtisseurs.

Le *bois* de *gravier* croît dans des endroits pierreux; il vient demi-flotté du Nivernais et de la Bourgogne. Le meilleur est de Montargis.

Le *bois* d'*Handel*, est ainsi nommé du nom de la rivière qui le voiture; il vient du *hêtre*, et il a deux pieds et demi de longueur.

Bois tortillard. Ce bois n'est point reçu dans les membrures à cause des vides qu'il laisse et du tort qui en résulte pour le public (1).

Voilà à peu près ce qu'il y a à dire concernant l'emploi du bois de chauffage; mais avant d'entrer dans quelques détails sur les différens arbres qui le fournissent, nous ne

---

(1) On n'admet pas non plus, dans les membrures, le *bois boucan*, c'est-à-dire celui qui est tronqué et pourri.

finirons point cet article sans rapporter encore une remarque et de sages réflexions faites il y a plus de soixante années, au sujet de sa grande consommation.

« J'observerai, dit *Morand*, auteur d'un excellent ouvrage sur l'exploitation de la *houille*, que nous sommes menacés d'une disette prochaine de bois, et que sa cherté peut avoir une influence considérable sur l'état entier. En effet, le *bois* de *chauffage* ne peut devenir d'un prix trop fort, sans éloigner de la capitale un grand nombre de ses habitans; et il est constant qu'une capitale ne peut être attaquée de cette manière, sans que les provinces s'en ressentent.

« Lorsque l'on aura détruit les forêts éloignées de Paris, il est certain que l'on recourra au charbon de terre; et il est heureusement démontré que l'on en trouve presque partout. Pourquoi n'en pas ouvrir des carrières dès aujourd'hui? Pourquoi ne pas interdire l'usage du bois à toutes les professions dans lesquelles on peut aisément s'en passer ? Il en faudra venir là tôt ou tard ; et si l'on s'y prenait plus tôt, on donnerait le temps à nos forêts de fournir par la suite abondamment à nos besoins. Il me semble que les vues que je propose ici sont utiles ; mais j'avoue qu'elles ont un grand défaut : celui de regarder plutôt l'intérêt de nos neveux que le nôtre. Et nous vivons dans un siècle où l'on fait tout pour soi, et rien pour la postérité. »

CHAPITRE XVI.

Utilité du chêne pour la charpente et le chauffage.

Le *chêne* est le premier et le plus considérable des végétaux qui croissent en Europe. Ce bel arbre fut très renommé chez les Grecs et les Romains, qui le consacrèrent au père des dieux. On sait qu'il fut aussi l'objet de la vénération de nos pères, qui, trompés par des druides, ne rendaient aucun culte que sous les auspices du *Gui sacré*.

Mais ce même arbre, considéré sous des vues plus saines, ne peut plus être à nos yeux qu'un objet d'utilité, et c'est sous ce point de vue que nous l'envisageons ici.

Le *chêne* est le plus utile de tous les arbres de nos forêts: nul bois n'est d'un usage si général; c'est le meilleur pour la charpente des bâtimens ; c'est aussi le plus durable, car il se conserve plus de six cents ans, sans altération, lorsqu'on a la précaution de le défendre des injures de l'air; et même, quand on veut le faire servir sous terre, ou bien en pilotis, diverses preuves nous démontrent que sa durée n'est pas moins de quinze cents années.

Ce qui rend ce grand arbre encore bien précieux, c'est qu'il nous fournit, à lui seul, presque tout le bois de chauffage, et qu'on en fait le meilleur charbon pour une infinité d'usages.

CHAPITRE XVII.

Anecdote intéressante sur le fameux CHÊNE *de Penderell.*

Dans son histoire de la maison des Stuarts, Hume rapporte que Charles II, errant et fugitif après sa défaite à Worcester, fit environ vingt-six milles sans s'arrêter. Il était alors accompagné de soixante de ses plus fidèles sujets, tous disposés à suivre ses destinées quelles qu'elles pussent être. Mais craignant avec raison d'être découvert, avec une suite si nombreuse, il quitta avec regret les compagnons de son infortune, et se livrant à la conduite du comte de *Derby*, il se rendit sur les confins du Stastorshire, à Boscobel, métairie écartée, dont un nommé *Penderell* était le fermier.

Le prince fugitif ne fit pas difficulté de s'ouvrir à cet homme, parce qu'il avait des sentimens bien au-dessus de sa condition. Quoique la peine de mort fût prononcée contre ceux qui donneraient une retraite au roi, quoiqu'on eût promis une récompense considérable à ceux qui le trahiraient, ce fermier promit et garda une fidélité inviolable.

Les frères de *Penderell*, au nombre de quatre, et gens d'honneur comme lui, bravèrent tout danger, et prêtèrent leur assistance. Ils firent prendre à *Charles* des habits de paysan, ils le menèrent dans un bois voisin, et lui faisant prendre une hache, ils feignirent de l'employer à faire des provisions de fagots.

Pendant quelques nuits, le roi n'eut d'autre lit que de la paille d'une grange; mais cette retraite ne parut pas encore sûre aux frères *Penderell*, à cause des gens d'armes qui couraient çà et là à la poursuite du malheureux prince. Il y avait dans le bois dont nous venons de parler, un chêne que l'on regardait comme un prodige; en effet, il était si gros et si garni de feuillage, que vingt hommes auraient pu s'y cacher. *Charles* monta tout au haut de cet arbre avec le comte de *Derby*, et telle fut sa retraite pendant plusieurs jours. Il vit passer sous ses pieds nombre de soldats, dont la plupart animés par l'espoir de la somme promise, témoignaient l'extrême envie de saisir le roi fugitif.

Ce fameux chêne, nommé depuis le *chêne royal*, est encore regardé aujourd'hui par les Anglais avec la plus grande vénération.

CHAPITRE XVIII.

Le Charme.

Ce grand arbre est commun dans les forêts. Dans son état naturel il n'a nulle beauté; son tronc est court et mal proportionné, et il paraît vieux dès qu'il a atteint la moitié de son âge. Mais si cet arbre n'est point d'une belle forme, il offre en échange divers avantages qui ne sont pas sans prix. Pouvant être considéré parmi les grands végétaux, comme l'âne entre les quadrupèdes, il remplit, dans les forêts, des places auxquelles tous les autres se refusent: il s'accommode de tous les terrains, si ingrats qu'ils soient, et il croît même à l'ombre. Son tempérament est robuste, et il résiste aux plus grandes gelées.

N. B. Après le buis, l'if et le cormier,

son bois est le plus ferme, et cependant n'est pas si lent à croître.

De tous les arbres que l'on connaît, le *Charme* est le plus propre à former des palissades, des haies, des portiques, des colonnades, et toutes ces décorations de verdure, qui font le plus grand embellissement d'un jardin bien ordonné. Toutes les formes que l'on donne à cet arbre lui deviennent si propres, qu'il se prête à tout ce qui peut y avoir rapport. Très-utile pour le charronnage, le charme est peut-être encore le meilleur bois pour faire du charbon, dont la chaleur est extrêmement vive. C'est un excellent bois de chauffage; son feu clair, brillant et doux, réjouit la vue, en même temps que sa chaleur bienfaisante remet et soulage les membres endoloris ou fatigués. Nous pensons même que c'est à ces diverses propriétés qu'il doit sa dénomination de *charme*.

CHAPITRE XIX.

Le Hêtre.

Le *hêtre* qui est commun dans nos forêts, grossit, s'élève et s'étend en peu d'années; il fournit plus de bois qu'aucun arbre. Par sa stature et son utilité, il se met au rang des plus beaux arbres forestiers : il est inférieur au chêne, à l'orme et au châtaignier ; mais par le volume de son bois, par la célérité de son accroissement dans un terrain sec et même ingrat, et par sa grande utilité dans la menuiserie, il mérite d'être cultivé. Les tourneurs, les layetiers, les sabotiers et les gaîniers, font grand usage de son bois, qui est incorruptible sous l'eau.

Le *hêtre*, surtout, est le meilleur de tous les bois pour le chauffage, pour le charbon et le poussier. M. *Gauger*, dont nous avons parlé dans ce traité, termine sa *Mécanique du Feu* par une courte notice sur le meilleur bois de chauffage; et voici ce qu'il dit particulièrement du *charme* et du *hêtre*.

« Le *charme* brûle bien, fait très-bon
« feu, rend beaucoup de charbon, qui est
« ardent et de longue durée; mais ce bois
« est rare dans les chantiers. Le meilleur
« que l'on puisse brûler, et que l'on trouve
« en abondance à Paris, c'est celui du *hêtre*
« neuf; il fait un feu clair, qui réjouit la vue,
« et ne fume que très-peu quand il est bien
« arrangé; il donne beaucoup de chaleur et
« d'excellent charbon. »

CHAPITRE XX.
Le Châtaignier.

Le châtaignier est un grand arbre dont on fait beaucoup de cas, surtout pour la construction ; car nous voyons que la charpente des anciens bâtimens contient des poutres d'une si grande portée, qu'elles font juger qu'il aurait été extrêmement dispendieux de les faire venir de loin, et qu'on les a tirées des forêts voisines.

Le bois du châtaignier est d'une si bonne qualité, pour la charpente, qu'il fait regretter de trouver rarement aujourd'hui des forêts de cet arbre, autrefois si commun. Mais ce bois n'est point bon pour le chauffage, ni pour la qualité du charbon, qui s'éteint promptement. Son bois rend peu de chaleur, il pétille toujours au feu, et il jette au loin des étincelles qui sont dans le cas de causer des incendies faute de précaution.

CHAPITRE XXI.

Le Marronnier; usages divers auxquels son fruit peut être employé.

Le bois des arbres, en général, n'est bon à brûler que lorsqu'il est bien sec; celui du *marronnier* est différent, on n'en peut tirer parti pour le chauffage que quand il est vert. Mais c'est surtout son fruit qui chauffe bien, quand on a eu soin de le faire sécher pendant l'été. On a vu, sous l'ancien régime, un rentier, d'ailleurs fort à son aise, qui n'employait point d'autre combustible.

Cet homme, que l'on nommait *Dubertrand*, et qui avait cinq mille livres de rentes, avait grand soin d'aller se promener dans l'automne au Luxembourg; il y remplissait ses poches de marrons; puis revenu à la maison, il les coupait en deux, et les portait à son grenier; l'hiver venu, cet avare spéculateur brûlait exactement chaque jour, une centaine de marrons dans son poêle, qui s'échauffait mieux ainsi qu'avec du bois neuf, parce que ce fruit agreste renferme une substance huileuse très-propre à s'enflammer.

On lit dans l'*Encyclopédie* que le marron d'Inde, dont il est question, fait de très-belle poudre, et s'emploie à une multitude d'usages. On peut en faire aussi des lampes de nuit, et voici comment il faut s'y prendre. On ôte d'abord la peau du *marron*, on le perce par le milieu avec une petite vrille, on le fait bien sécher, puis on le met tremper trois ou quatre jours dans de l'huile; alors on y passe une mèche, on le met dans un vase rempli d'eau, et en allumant la mèche de cette lampe végétale, elle donne de la lumière pendant toute la nuit.

CHAPITRE XXII.
Le Cèdre.

Le cèdre est un arbre très fameux. Ceux du mont Liban passent pour les plus grands arbres que l'on connaisse. On sait que le temple de Salomon fut construit en cèdres, qui furent fournis par le roi Hiram.

Cet arbre croît à une hauteur prodigieuse dans les deux Amériques; il s'accommode de tous les terrains : on le trouve sur les plus hautes montagnes du nouveau monde, aussi bien que dans les endroits bas et marécageux. On en voit dans les provinces les plus froides comme dans celles où la chaleur est la plus forte. C'est grand dommage que l'on néglige sa culture en Europe, car il est bon à mille usages. Comme son bois est aromatique, il doit produire une chaleur non moins agréable que salutaire; mais aucun écrivain ne nous a transmis des remarques sur ces effets.

CHAPITRE XXIII.

Des bois aromatiques ou résineux; effets salutaires et peu connus de leur chaleur pénétrante.

La chaleur seule d'un combustible, quelle que soit sa nature, peut-elle opérer la guérison d'un mal qui a résisté à tous les remèdes connus? Il n'appartient certainement qu'aux gens de l'art de prononcer sur cette question. Cependant, comme il y a des incidens singuliers qui déconcertent toute la science humaine, pour le bien de l'humanité, je pense qu'il est à propos de publier les particularités que l'on a à ce sujet; cela ne nuit à personne, et peut d'ailleurs faire naître des idées auxquelles on n'aurait point pensé.

La goutte, par exemple, cette fille cruelle

de l'opulence et de l'oisiveté, a tonjours été guérie par un secret que les Jésuites du Paraguay ont tenu soigneusement caché. Un membre de cette savante société m'a assuré que la chaleur des tiges de maïs brûlées étant bien sèches, et une boisson fort agréable et tirée de ces mêmes tiges au moment qu'elles sont encore fraiches, étaient les spécifiques qu'ils employaient avec des succès non démentis.

Les douves de vin de Madère, brûlées faute d'autre bois ou par cas fortuit dans la cheminée d'une dame anglaise, paralysée de tous ses membres depuis onze années, lui en rendirent l'usage en cinq semaines. Ces deux faits que je n'ai appris que par ouï-dire, ne méritent peut-être aucune attention; mais je vais en citer un qui est authentique et vrai dans tous ses détails. Un tabletier, après avoir servi dans les troupes, et couché fréquemment sur la terre humide, perdit graduellement l'usage de ses membres : son état empira même au point que ses deux jambes se recourbèrent et demeurèrent collées à ses cuisses ; son bras gauche ne faisait également qu'une pièce avec son corps, et il n'agissait un peu que par le moyen du bras droit. Transporté à l'hôpital militaire de Paris, et sa paralysie résistant aux bains et aux remèdes de toute espèce, M. *Dubertrand*, chirurgien habile, ne voyant plus d'autre remède, ordonna l'amputation des deux jambes, pour opérer la guérison.

On attacha en conséquence le bulletin fatal au rideau du malheureux gisant dans son lit. Inquiet d'en savoir le contenu, il demanda à des compagnons ambulans, qui s'arrêtaient pour le lire, ce que contenait ce papier. Camarade, lui répondit l'un d'eux, *demain, à quatre heures du matin, à la salle des opérations.*

Le pauvre paralytique, qui d'ailleurs mangeait avec appétit, et qui ne manquait ni de force ni de courage, ne fut point de l'avis du chirurgien. *Oh! que non*, s'écria-t-il, *je ne veux pas laisser mes quilles ici; il faut quitter le poste.* S'étant donc concerté avec un camarade qui l'aida vers minuit à s'habiller, il se traîna sur les deux genoux et sur une main, jusqu'à la porte de l'hôpital; il glissa un écu de six francs dans la main du factionnaire qui le laissa sortir; puis, ayant trouvé sa femme qui avait été avertie d'avance, et qui l'attendait dehors avec un fiacre, il regagna promptement son logis.

S'étant ainsi dérobé à l'opération cruelle qu'il redoutait, d'autant plus qu'elle l'aurait mis hors d'état de soutenir sa famille, le pauvre tabletier n'en fut pas plus ingambe; et content d'un côté, il se désolait de l'autre, car il dépensait beaucoup, ne gagnait rien, et n'obtenait aucun soulagement des divers remèdes qu'on lui prescrivait.

Enfin, après avoir langui de cette sorte pendant trente mois, s'étant vu abandonné de tous les médecins, et obligé de vendre tous ses meubles pour subsister, cet homme se trouva réduit à se défaire d'une petite provision de bois des Iles, qui était sa principale ressource dans sa profession de tabletier et de tourneur. Contraint de se défaire de ces matériaux précieux, il les proposa à un confrère qui lui offrit une douzaine d'écus de ce qui valait plus de trois cents francs.

Indigné d'une telle offre, et au comble de la peine, le malheureux qui se trouvait au fort de l'hiver, et qui n'avait rien pour se chauffer, dit : « S'il faut donner « mon bois pour rien, j'aime autant le brû- « ler avant de mourir. » Et de fait, se faisant apporter par sa femme plusieurs poignées de bûchettes d'ébène, de bois de rose, de violette, etc., il en remplit son poêle, et il y mit le feu, qui prit si vivement que la faïence s'en fendit en divers endroits.

Ce fut en cette rencontre qu'il s'opéra une espèce de miracle. En s'approchant le plus qu'il put de son poêle, le paralytique sentit un soulagement jusqu'alors inconnu, et une lueur d'espoir entra dans son âme anéantie. Continuant la même opération sans relâche, la guérison s'annonça trois ou quatre jours après : une eau rousse commença à suinter de ses membres ressuscités par la chaleur pénétrante et les corpuscules balsamiques qui s'y insinuaient par l'action du feu ; puis elle coula avec abondance, et à mesure qu'elle coulait, ses jambes s'allongeaient peu à peu, et il les remuait ainsi que son bras gauche qui se détacha pareillement de son côté.

Guidé par le simple bon sens, et sans nul conseil, le malade attacha des éclisses à ses deux jambes qui se redressèrent au point que, dans la quinzaine, il marcha moyennant deux béquilles d'abord : ce fut dans cet état qu'il alla voir M. *Dubertrand*, qui ne put comprendre un tel prodige, et qui fut si content de cette découverte, qu'il donna cinq louis d'or au malade réchappé d'un tel danger. Un autre chirurgien, non moins plein d'humanité, étonné, et curieux de voir la fin de cette guérison miraculeuse, donna de sa propre bourse au malade de quoi avoir du bouillon et des subsistances propres à le restaurer et à le conduire à une convalescence parfaite. Aujourd'hui cet homme se porte très-bien ; il est ingambe comme s'il n'avait que vingt-cinq ans : je puis l'attester, car je le vois tous les jours de mes fenêtres, travaillant de son métier, et tourner plusieurs douzaines d'étuis non de bois de rose maintenant, mais de chêne, dont il fend et détaille des bûches en petits morceaux.

CHAPITRE XXIV.

Réflexions sur les combustibles aromatiques et résineux.

On sait bien en général que la chaleur du bois est forte ou faible, selon la nature de celui que l'on brûle : on ne s'occupe de cette différence que quand il est question de chauffage ou de faire cuire quelque chose. Mais je ne crois pas que l'on ait encore observé et calculé la puissance et les effets, je ne dis pas d'une simple fumigation sèche ou humide, mais des particules ignées, mais de la chaleur même d'un combustible enflammé, pour appliquer ensuite ces observations à la cure de certaines maladies qui affligent l'humanité. Un traité sur cette matière importante donnerait peut-être des lumières pour bien des maux qui ont passé jusqu'ici pour être incurables. L'histoire que je viens de rapporter, et surtout ce qu'on lit dans les ouvrages du père de la médecine, semblent venir ici à l'appui de nos réflexions.

Hippocrate, qui vivait il y a deux mille trois cents ans, était sans doute bien convaincu de l'efficacité du feu et de sa chaleur bienfaisante, en disant : « Le plus grand
« agent de l'art médicinal, c'est le feu; rien
« n'est si utile, rien n'est plus nécessaire à
« connaître. »

Ignis in medicinâ maximus; inde efficit ut neque ad cognitionem utilius, neque magis necessarium existat. (HIP. de Arte, sec. 1, pag. 14.)

Plus instruit par la nature et par l'étude profonde du corps humain que par les livres, il est à remarquer que ce grand homme faisait la différence de tel et tel combustible, même dans la préparation des remèdes que nous exposons aujourd'hui sur un feu quelconque.

Dans le livre de la *Maladie des Femmes*, il s'explique ainsi, au sujet d'un médicament composé de plusieurs simples : « Broyez le tout ensemble, puis mettez-le « sur de la cendre de bois sarmenteux : que « le feu surtout soit fait avec des sarmens « de vigne. »

Hæc omnia simul terito, et in cineres, sarmentitio suffitu, admoveto : sit autem ignis ex sarmentis vitium accensis. (Hip. de morbis mulierum. Lib. 2, sec. V, page 536.)

Quoique nous soyons plus éclairés aujourd'hui que du temps du médecin célèbre dont on vient de voir les observations bien remarquables, employons-nous les mêmes précautions ? Entrons-nous dans de pareils détails, même en soignant des malades riches ou importans par leur emploi ou leurs dignités ? Peut-être en est-il des nombreux élixirs de nos pharmacies, comme de l'immensité des bibliothèques modernes qui nous font paraître plus savans, sans nous rendre ni meilleurs, ni plus heureux.

Puisque les simples, les arbres et les fruits qu'ils produisent diffèrent tous en vertus, en sucs, en saveurs et en propriétés, il est donc certain que les divers combustibles sont également soumis à cette loi générale par rapport à la chaleur qui résulte de l'émission des particules ignées que la flamme met en mouvement.

De quelle force, par exemple, ne doit pas être le feu de *l'ébénier*, de *l'acajou* moucheté, de *l'érable*, qui servait à faire des dards et des piques chez les anciens ? du bois de fer, dont la pesanteur le fait couler au fond de l'eau, et dont la dureté est telle, même à deux pouces de l'aubier, qu'il émousse l'acier le mieux trempé? Quelle doit être l'efficacité de la chaleur balsamique du *palissandre*, qui exhale l'odeur suave de la violette à trente lieues de distance? du *citronnier*, du bois de *rose*, du bois de *campéche* et du *Brésil*, dont le parfum délicieux a quelque chose de céleste et de divin? du bois de *calambac*, dont le cœur se vend au poids de l'argent chez les Indiens eux-mêmes, pour embaumer et pour échauffer tour à tour les palais somptueux des souverains de l'Orient?

Mais s'il est permis de juger de la chaleur puissante, bénigne ou salutaire d'un végétal, non seulement par la douce odeur qu'il répand, mais encore par le suc et l'abondance de ses productions, nous assiérons de même des conjectures avantageuses sur une foule d'arbres étrangers. En effet, par une munificence et par un bienfait particulier de l'auteur de la nature, les fortunés habitans de l'Asie, ce berceau du genre humain, cueillent tout à la fois sur les *jacquiers*, sur le *palmier*, le *cocotier*, etc., des fruits succulens et du pain délicieux qui ne demande aucun travail ; ils y trouvent le sagou, ce restaurant des infirmes et des vieillards, cette pâte, bien supérieure à notre semoule et à toutes celles de l'Italie ; ils en font découler tour à tour de bonne huile, du lait doux ; puis du vin délectable et d'autant plus précieux qu'il n'expose point à l'ivresse comme ceux de nos climats.

D'une autre part, croirait-on sans vertu la caléfaction obtenue par le moyen des résineux, des *amyris*, du *laurier camphrier*, du *pistachier*, des *thuyas*, des *sumacs* de *Virginie*, des *sumacs amaranthes*, des *térébinthes balsamiers*, etc. ?

On ne peut guère prononcer sur cette question; mais il y a une opération qui ne serait peut-être pas sans avantage dans la médecine, je veux dire la distillation de la *suie*, provenue non du bois ordinaire, dont on a déjà fait quelques essais, mais des grands végétaux de l'Afrique, de l'Asie et du Nouveau-Monde.

Ce qui nous engage à produire cette réflexion, c'est le succès prodigieux des poudres d'*Ailhaud*. Je n'ignore point que ce médecin fameux, qui a obtenu les suffrages du public, n'a pu conquérir ceux de ses confrères. Peut-être ont-ils raison : quand il est question d'un trésor tel que celui de la santé et de la vie des hommes, on ne doit pas faire un mystère des remèdes, ni un secret de la science : on s'enrichit ainsi quelquefois, peut-être ; mais au lieu d'être admis parmi les vrais savans, on risque de rester dans la classe des empiriques.

Quoi qu'il en soit, comme la *suie* et la *scammonée*, dont les racines sont résineuses, forment la base et peut-être la totalité des poudres d'*Ailhaud*; comme ce fameux purgatif a opéré une multitude de guérisons que l'on ne peut révoquer en doute sans partialité ou sans injustice; comme l'inventeur, annobli et magnifiquement récompensé par *Louis XV*, a obtenu de son vivant une grande célébrité qui dure encore, malgré ses détracteurs, nous pensons qu'au lieu de fronder une idée fort heureuse peut-être, il vaudrait mieux la soumettre à diverses expériences : mais il faudrait qu'elles fussent faites sur la suie des divers combustibles orientaux, sans lesquels les pharmacies européennes seraient certainement fort incomplettes, et sans doute insuffisantes. Peut-être qu'en cherchant une chose utile, on en trouverait plusieurs autres; qui sait enfin si l'on ne parviendrait pas à découvrir un spécifique contre tant de maux horribles qui ont affligé jusqu'ici l'humanité, et qui triomphent encore des efforts réunis des sociétés savantes? Ne nous rebutons point de nos recherches : souvent la lumière jaillit du sein de l'obscurité même. Souvenons-nous que la nature, en créant plusieurs poisons, n'a jamais oublié de placer quelque part l'antidote ou le préservatif.

CHAPITRE XXV.
Le Charbon de bois.

LE changement du bois des forêts en charbon, est une métamorphose qui est d'une grande utilité, dans les besoins nombreux et renaissans de l'homme réuni en société. Sans ce précieux combustible, que deviendraient des centaines de milliers d'indivi-

DES FRILEUX. 115

dus peu fortunés, ou vivant de leur industrie dans les villes? Logés jusqu'à des septièmes étages, et circonscrits dans un local étroit, où ils ne peuvent, le plus souvent, placer une demi-voie de bois, comment travailleraient-ils, comment feraient-ils cuire leurs alimens?

Comme il rend une chaleur vive et durable, le charbon chaufferait beaucoup mieux une chambre que le bois lui-même; deux ou trois morceaux, placés au milieu du foyer, quand le feu ne va pas, l'animent tout-à-coup, et se font sentir beaucoup mieux que les bûches elles-mêmes. Mais comme le bois est cher, on a restreint l'emploi du charbon au service de la cuisine.

Le bois neuf est le meilleur pour la fabrique du combustible ardent et peu volumineux dont il est question. Le charbon fait de vieux bois, ou de bois blanc, donne peu de chaleur. Les consommateurs sont souvent trompés à ce dernier, qui néanmoins coûte tout autant que le meilleur, et qui dure moitié moins. Mais voici le moyen de distinguer l'un et l'autre. Le charbon de bois neuf fait avec du bois de chêne, du hêtre ou du charme, est dur, compact, long et sonore. Celui de bois blanc comme le bouleau, l'aulne, le peuplier, ou qui provient de chênes vieux, est morcelé, par écailles, sans consistance, et sonne aussi faiblement que la braise à laquelle il ressemble.

Dans les siècles les plus reculés, on a observé que le charbon est le corps le plus durable qui existe dans la nature, le seul sur lequel l'agent le plus destructeur, c'est-à-dire le feu, puisse avoir prise. C'est sans doute d'après cette remarque constante, que les architectes de l'antiquité posèrent les fondemens du fameux temple d'Éphèse sur des couches de charbon de bois de cèdres et de palmiers.

Dom Bernard de Montfaucon, dans ses Antiquités, article des *Tombeaux*, dit que les Egyptiens faisaient du charbon et des vases avec le tronc et les racines du papyrus. Ce célèbre antiquaire observe que les pauvres d'entre ce peuple se faisaient inhumer dans une fosse remplie de charbon; ils suppléaient ainsi aux aromates dispendieux qui servaient à embaumer les grands et les riches de Memphis, qui étaient si curieux de conserver leurs derniers restes. C'est pour cette immortalité prétendue que l'on érigea ces vaines pyramides dont la masse a fatigué les temps. Mais, par un mécompte ordinaire à l'ambition aveugle et à la fausse gloire, on ne trouve plus ni l'urne fastueuse, ni le nom même des despotes qui firent placer leurs momies dans ces montagnes de pierres arrosées des sueurs et du sang de leurs malheureux esclaves.

Les chimistes ont profité de ces faits

historiques, et surtout de l'expérience qui leur a démontré que le charbon est le meilleur et le plus commode aliment du feu qu'ils emploient dans la plupart de leurs opérations.

Mais en parlant d'un combustible aussi utile que le charbon, il ne faut pas oublier les dangers qui résultent fréquemment des vapeurs qu'il exhale, quand on n'a pas la précaution de l'allumer d'abord au grand air, ou bien d'ouvrir les fenêtres tant qu'il n'est pas bien embrasé. On sait la malheureuse aventure de ce chapelier de Rouen, qui, pendant un hiver très-rigoureux, fit coucher ses onze enfans dans une grande salle où il faisait sécher des chapeaux par le moyen de trois grands fourneaux de braise. Il s'en trouva dix étouffés dans leur lit, le lendemain matin ; il ne réchappa qu'une petite fille qui, par hasard, ou avec intention, cassa un carreau de la fenêtre près de laquelle était son chevet : cette heureuse enfant en fut quitte pour un vomissement violent et une indisposition de quelques jours.

Combien de jeunes ouvrières, faute de précaution, ou ignorant un pareil danger, ont été trouvées mortes dans leurs chambres! Combien de personnes ont été ainsi brûlées toutes vives à côté du fourneau de charbon où elles faisaient chauffer quelque aliment! Combien de gens ont péri de cette sorte pendant la nuit au fort de leur sommeil, soit par inadvertance, soit par une scélératesse combinée ; de façon que fort souvent, on n'a pu connaître ni la cause, ni l'auteur de leur mort! Dans mon histoire des *Poisons* et des *empoisonnemens*, que je me propose de publier par la suite, chez l'éditeur de cet ouvrage, on en verra nombre de traits qui font frémir d'horreur.

CHAPITRE XXVI.

Le Poussier de Charbon.

Le *poussier*, proprement dit, est formé des fragmens et de la poussière qui se détachent du charbon à mesure qu'on le remue et qu'on le change de place. Nul auteur n'a parlé de ce combustible, si propice cependant à des milliers d'individus qui, sans son secours, périraient de froid tous les hivers dans de misérables réduits. L'Encyclopédie, qui aurait dû nous donner un article à ce sujet, dit seulement : *Le poussier est utile aux doreurs.*

Les physiciens ont remarqué que les corps blancs s'échauffent plus difficilement que ceux qui sont noirs ; et que ceux-ci restent allumés d'autant plus long-temps, qu'ils jettent moins de fumée. Suivant ce principe, le poussier doit donc renfermer plusieurs avantages que le bois, en général, ne peut avoir. Comme il provient d'un corps dur, solide et robuste dans son origine, puis rendu incorruptible par l'opération et la métamorphose qu'il a subies dans une fournaise ardente, sa vertu est analogue à la substance qui le compose, et dont il réunit la partie la plus pure. Chauffant aussi bien que le meilleur bois, il n'en a ni la fumée, ni la suie, ni la chaleur âcre et cuisante. Aussi vif que le charbon allumé, il n'en exhale point les vapeurs mortelles ; sans doute à cause de la ténuité de ses parties, et surtout de la couche de cendre qu'il forme graduellement, et à travers laquelle se filtrent et se purifient ses particules ignées, qui, par là, deviennent douces, agréables, et ne dessèchent conséquemment ni la peau ni les poumons.

Ajoutez à ces qualités, que le feu de poussier brûle avec lenteur, dure long-temps, et qu'il est, par cela même, très-propre à faire cuire avec sûreté divers alimens, quand on est dans le cas de s'absenter. Lorsqu'il est bien arrangé, il chauffe parfaitement six ou sept heures de suite, sans que l'on soit obligé d'y toucher, comme au feu de la cheminée qui fait perdre beaucoup de temps pour être soigné, et finit par tomber tout-à-fait, pour peu qu'on l'oublie. En un mot, son prix est si modique, que le plus indigent peut s'en procurer suffisamment pour tout son hiver.

L'usage que j'ai fait, par un pur hasard, de ce combustible; celui que je continue d'en faire depuis quelques années, m'ont donné l'idée de ce traité. De tous mes ouvrages, c'est celui que j'ai écrit avec le plus de satisfaction ; et cela dans la seule pensée qu'il contribuerait au soulagement de nombre de personnes qui sont sédentaires par état, ou pour cause d'infirmités.

On verra à l'article de la *Chaufferette de fer*, la manière la plus avantageuse d'arranger le poussier pour augmenter et propager singulièrement la chaleur de ce combustible dont les effets sont encore peu connus, et méritent observation, pour qu'on en tire tout le parti dont il est susceptible.

CHAPITRE XXVII.
Le Charbon fossile.

Ce combustible, formé des forêts immenses qui couvraient le globe, et qui ont été successivement englouties par l'éruption des volcans et le déplacement des eaux maritimes, est connu vulgairement sous le nom de *charbon de terre*, et de *houille*. Ce fossile qui abonde en tout pays, mais que l'on ne peut se procurer que par de profondes et pénibles excavations, offre à-la-fois un champ vaste aux recherches des physiciens, un objet digne d'alimenter la curiosité de l'homme, et une ressource précieuse pour le plus impérieux de ses besoins.

Prévoyant, dès long-temps, la pénurie et la cherté du bois de chauffage et de charpente en France, les académies savantes ont dirigé particulièrement leur attention vers les moyens de subvenir à cette disette alarmante. Cette sollicitude, bien digne du vrai patriotisme et de la reconnaissance de la postérité, a fait naître plusieurs ouvrages sur l'exploitation des mines de *houille*. Le plus considérable est de M. *Morand* de l'Académie des sciences. Il renferme une foule de notions utiles et de remarques curieuses sur les fameuses mines de *houille* qui sont aux environs de la ville de Liège, sur la Meuse, dans le cercle de Westphalie. Voici comment l'académicien commence son savant traité, qui forme deux

DES FRILEUX.

volumes *in-folio*, ornés d'un grand nombre de figures.

« Je m'occuperai par préférence à consi-
« dérer ce fossile relativement au chauffage ;
« j'insisterai sur tous ses avantages, comme
« moyen économique, qui n'est un préjugé
« que pour les Français, principalement dans
« la capitale. Je m'étendrai sur tout ce qui
« a rapport aux préparations qui sont d'u-
« sage à Liége et ailleurs, pour brûler cette
« matière dans les âtres des cheminées et
« dans les poëles ; ce qui est d'une ressource
« immense pour les hôpitaux et les diverses
« usines, et les ateliers en tout genre.

« Par nos observations, le spéculateur
« acquerra des vues économiques qui le
« convaincront que nos mines de charbon
« peuvent être d'un produit important pour
« la France. Il doit aussi en résulter des
« vues utiles sur la négligente manière
« dont les Français considèrent les mines

« de charbon de terre ; en effet, ils n'y at-
« tachent presque d'autre valeur que celle
« de servir uniquement pour l'usage des
« ouvriers. Les yeux fermés sur l'expérience
« heureuse des autres pays, sur le prix
« exorbitant des bois, (prix qui est l'avant-
« coureur de leur disette), et sur la néces-
« sité de les ménager, ils se comportent en
« tout, ou comme si le charbon de terre man-
« quait dans le royaume, ou comme s'il ne
« se trouvait que dans quelques provinces.

« Le Forez et l'Auvergne ne doivent
« presque ce qu'ils sont qu'à l'abondance
« du charbon de terre. Le seul commerce
« de ce combustible n'emploie pas moins
« en Angleterre que quinze cents vaisseaux
« de cent et deux cents tonneaux, ce qui
« entretient et fait subsister un corps in-
« nombrable de matelots.

« Le pays de Liége ne tire la plus grande
« partie de son bien-être que de l'exploi-

« tation de ce fossile abondant. Sans cette
« matière les Liégeois n'auraient certaine-
« ment pas eu pour la fabrique des armes,
« cette célébrité dont ils ont été seuls en
« possession pendant une longue suite d'an-
« nées. Le travail des mines, le transport
« ou la vente de la *houille* fait subsister à
« Liége plus de vingt mille âmes du menu
« peuple. Ajoutons que quelque vif que soit
« le froid, il n'oblige jamais l'ouvrier d'inter-
« rompre ses travaux. Le pauvre n'y suc-
« combe point dans l'hiver aux atteintes
« d'une saison plus rigoureuse, et toujours
« plus fatale à l'indigent qu'à tout autre. »

CHAPITRE XXVIII.

Essence et formation du Charbon de Terre.

AVANT de parler des propriétés du fossile amplement détaillé dans l'ouvrage de

M. *Morand*, nous allons dire un mot sur les diverses matières qui le composent.

« Le charbon minéral, dit l'Encyclopédie, est une substance inflammable ; et quand cette matière est allumée, elle conserve le feu plus long-temps que tout autre combustible, et produit une chaleur bien plus vive.

« Les naturalistes pensent que le charbon minéral provient des végétaux, et que c'est un assemblage de limon, de pétrol, de soufre, de bitume, de vitriol et de bois incorporés ensemble. Durcis et consolidés par la succession des temps, ces matières différentes n'ont plus formé qu'une seule et même masse dans le sein de la terre.

« Il y a tout lieu de croire que par les révolutions arrivées à notre globe, dans les temps les plus reculés, des forêts entières ont été englouties à une très-grande profondeur; le bois, après avoir souffert une décomposition, s'est enfin changé en une espèce de pierre ou fossile, tel que nous le voyons aujourd'hui dans divers endroits qui ont été couverts par les eaux de la mer. »

CHAPITRE XXIX.

Origine et progrès du Charbon de terre dans les Iles Britanniques.

La première mention du charbon fossile, en Angleterre, se trouve dans une charte du roi Jean, qui, à la réquisition des habitans de *Newcastle*, accorda la permission de fouiller des pierres de charbon dans un terrain appelé *Castle-moor*. Edouard III, en 1337, confirma cette permission. Il est à remarquer qu'à cette époque la ville de Londres était entourée de forêts et de taillis, dont le bois, transporté soit par terre soit par eau, était à si bon compte, que la capitale n'avait nul besoin de ce charbon pour son chauffage.

Mais, par le laps de temps, le bois s'étant enfin épuisé, on eut recours au charbon de terre devenu particulièrement nécessaire aux gros fabricans. Ceux d'entre eux qui étaient les plus fortunés, essayèrent d'en empêcher l'usage dans la ville, sans doute à cause de la fumée; ils mirent même les autorités de leur côté. Mais nécessité n'a point de loi; les oppositions et les défenses furent inutiles : il fallut bien se chauffer, et les habitans de Londres s'accoutumèrent insensiblement au fossile que nous rejetons en France; ils le préfèrent même aujourd'hui à tout autre chauffage.

Guillaume III, surnommé le Statouder des Anglais, a peut-être été le seul en Angleterre, qui ait eu de l'aversion pour le charbon fossile. *Hubner*, dans sa *Géographie Universelle*, rapporte que ce prince faisait venir de la tourbe de Hollande, pour l'usage de sa maison. Mais c'était par singularité, et non pas à cause de l'odeur du charbon; en effet, les historiens reprochent à ce roi, d'ailleurs d'un rare mérite, de n'avoir jamais rien aimé de la nation dont il avait reçu la couronne.

CHAPITRE XXX.

Décision de la Faculté de Médecine sur les effets de la fumée du charbon de terre.

Par les anciens registres de la Faculté de Médecine, consultée en 1519 sur les effets de la fumée et des vapeurs du charbon de terre, relativement à la santé, voici ce qu'on lit dans le quatrième registre.

« La Faculté assemblée à la réquisition

« de MM. de la Cour du Parlement, et
« du Prévôt de Paris, qui demandaient si
« l'usage d'une *certaine terre*, venant des
« Iles Britanniques, et qui était nécessaire
« aux serruriers, n'était point nuisible à
« la santé, il fut conclu à l'unanimité que
« la fumée de cette terre ne pouvait ap-
« porter aucun dommage au corps hu-
« main. »

CHAPITRE XXXI.

Boulettes de Charbon de terre, compo-
sées par un Italien.

En 1666, la même Faculté fut consultée de nouveau au sujet de certaines boules de terre, composées par un Italien, pour servir de chauffage, et elle rendit un témoignage également favorable. *Gui-Patin* raconte ce fait dans la cent soixante-troisième de ses lettres.

« Il y a ici un Italien qui dit avoir été mandé tout exprès pour un certain secret qui est d'une terre composée. Elle échauffe un appartement en moins d'un quart-d'heure, et cela sans odeur et sans fumée. Plusieurs personnes ont été nommées pour en voir l'épreuve, dont il y a eu deux médecins; puis, messieurs *Blondel*, *Guenaud*, *Bruyer*, *Morisset*, et moi.

« Nous avons été témoins de l'effet de ces boules de terre, effet absolument conforme à l'annonce de l'Italien qui les a composées. Nous avons reconnu et signé que cette terre produisait un feu très-beau, sans fumée et sans mauvaise odeur.

« Chaque boulette est à peu près grosse comme une balle de paume. L'inventeur en donnera cent pour dix sous. On a ordonné qu'on en chauffât le four, et l'on donnera à chacun de nous un des petits pains qui s'y cuira. J'ai salué monsieur le premier Président et rien davantage, car nous étions plus de trois cents personnes présentes à cette expérience. »

CHAPITRE XXXII.

Autres expériences sur les effets de la fumée de la Houille.

On peut juger par les détails que l'on vient de citer que, moyennant un certain travail, on peut purifier la houille au point qu'elle ne rend ni fumée ni odeur désagréable; mais on va voir en outre, qu'en consommant ce fossile sans nulle préparation, et tel qu'on le tire des mines, sa fumée ne peut nuire en nulle façon à la santé. *Venel*, dans un chapitre intitulé : *Avantage des feux de Houille, et réfuta-*

tion des préjugés populaires sur l'emploi de ce minéral, cite les expériences suivantes.

« On a exposé un chardonneret dans sa cage, à une fumée de houille très-épaisse et très-abondante; il en était même enveloppé au point de ne pouvoir être aperçu. Pendant tout le temps que cet oiseau s'est trouvé dans ce tourbillon épais et noir, il n'a donné aucun signe de malaise; il a bu et mangé à son ordinaire, et même il a fait entendre par intervalle son petit ramage. »

Mais voici une autre particularité qui vient encore en faveur du chauffage de la houille : les moineaux connus en Languedoc sous le nom de *verriers*, nous la fournissent. Dans la verrerie de Carmeaux, où l'on chauffe le four avec de la houille, les pigeons et différens oiseaux nichent sous le toit de la halle qui renferme le fourneau; les moineaux francs surtout s'y retirent pendant l'hiver; ils habitent le toit de la verrerie, par préférence à tous les bâtimens voisins, sans doute à cause de la chaleur qu'ils y trouvent. On ne saurait douter qu'ils ne soient complétement exposés, tant à la fumée de la houille qu'aux cendres fines qui s'élèvent en même temps de ce fossile enflammé. En effet, leurs plumes en deviennent toutes noires; ce qui a fait donner à ces oiseaux enfumés le nom de *moineaux verriers*.

L'usage où l'on est dans les Cévènes, d'élever des vers à soie dans des endroits fermés et remplis de fumée de houille, fait encore présumer favorablement de ses exhalaisons. Loin d'être nuisibles aux vers à soie, elles produisent des effets avantageux sur ces insectes; ils en deviennent plus gros et plus forts, et même leur soie est d'un sixième plus considérable.

CHAPITRE XXXIII.

Manière d'arranger la Houille dans un fourneau. Beautés de son feu.

Pour faire brûler et flamber le bois dans une cheminée, il y a une manière de l'arranger, sans quoi il irait mal. La houille, qui est composée de morceaux inégaux et de toutes les formes, demande à plus forte raison plus de soin encore, et il y a une instruction à donner à cet égard. « On commence, dit Morand, par garnir le fourneau ou *fer à feu* de morceaux de houille qui s'élèvent graduellement les uns sur les autres ; lorsque le fourneau est rempli, on y met le feu avec du bois bien sec et très-menu.

« Afin d'animer le feu, qui est toujours lent à prendre, il faut avoir soin d'y plonger de temps en temps une verge de fer longue et pointue, et qui est destinée à cet usage. Alors la flamme qui tardait à paraître s'étend dans la circonférence du porte-feu. L'embrasement qui devient général dans toute la masse de la houille, produit un coup d'œil récréatif; il devient même très-curieux, surtout dans la nuit : on se plaît alors à contempler les formes, les couleurs, la marche et les progrès du feu; ici, ce sont des rhombes qui s'élèvent avec rapidité, des bouillons impétueux, et des tourbillons de différentes figures; là, les flammes représentent des nappes d'eau, des ruisseaux argentés.

« Enchaîné depuis des siècles dans quelques morceaux de vieille houille, le feu y lance des éclairs, des tourbillons d'étincelles roses, bleues, violettes, orangées et de vraies pièces d'artifices. En un mot, embrasé dans toute son étendue, le fourneau représente un volcan dont la chaleur surpasse celle de tout autre combustible d'un pareil volume, par sa durée, sa continuité, son égalité, et surtout par la manière dont elle s'étend et se propage.

« Mais voici un avantage que nul combustible ne peut procurer, et que la houille renferme particulièrement. Ce feu ainsi arrangé et bien enflammé dure ainsi jusqu'à douze ou quinze heures, sans qu'il soit nécessaire d'y toucher et d'y mettre aucun aliment nouveau : se prolongeant même bien avant dans la nuit, on a l'agrément de trouver encore le matin, quand on se lève, une chaleur douce et délicieuse, concentrée dans les cendres du fourneau que l'on vient arranger de nouveau.

« On fait des boulettes de *teroulle*, espèce de houille inférieure, mélangée, et sans odeur, à l'usage des chaufferettes. Avant de les y placer, on les embrase entièrement, et l'on n'y touche plus le reste du jour ; il faut trois boulettes de teroulle, à un liard la pièce, pour le service d'une chaufferette. »

CHAPITRE XXXIV.

Grande supériorité du feu de Houille, et ses avantages pour les besoins domestiques.

On ne peut disconvenir, disait M. *Morand*, il y a plus de trente années, que le bois de chauffage ne soit aujourd'hui, après les subsistances, l'objet le plus dispendieux pour un ménage. Or, l'expérience nous démontre que la houille chauffe beaucoup mieux, coûte beaucoup moins et dure bien davantage. En effet, si vingt livres de bois durent trois heures, vingt livres de houille en durent douze. Par les moyens économiques, deux cents livres de houille suffisent à

DES FRILEUX.

l'entretien de deux ou trois feux dans une maison, pendant l'année entière.

Non seulement la chaleur du feu de houille est bien plus ardente que celle du bois; mais lorsque l'on vient à la comparer avec celle du charbon de bois, ce dernier combustible est encore inférieur. De fait, un boisseau de charbon de terre produit autant d'effet que trois boisseaux de charbon de bois; il donne en outre moins d'embarras, fait gagner plus de temps à l'ouvrier, et produit un bien meilleur ouvrage.

Il est encore à remarquer que les braises et les cendres de charbon de terre peuvent brûler à leur tour; et, de cette façon, elles procurent un grand moyen d'économie, surtout dans les petits ménages où il importe de mettre tout à profit.

CHAPITRE XXXV.

Poële à brûler de la Houille sans produire aucune fumée.

Parmi le grand nombre d'ustensiles à feu dont on fait usage pour la consommation de la houille, nous citerons seulement ici le poële d'un physicien allemand, nommé *Teicmeyère*. La structure de ce foyer curieux, bien que très-simple, est telle qu'il échauffe un très-grand appartement, sans faire la moindre fumée.

Le tuyau de ce poële est courbé dans ses deux parties, dont l'une est large et fort courte, et l'autre fort longue, mince, et allant en rétrécissant jusqu'au bout.

Il résulte de cette construction que l'air se portant avec force dans le tuyau court et large, la flamme tend vers le tuyau qui est long et étroit, et, par cette raison, la chaleur y est très vive. D'une autre part, la fumée en descend sans cesse pour se reporter et avoir une issue vers le gros tuyau qui est plus bas; pendant ce trajet, la fumée passant à travers les flammes, s'y décompose, s'y atténue et se convertit en feu. De cette manière, une très-grande pièce s'échauffe en peu de tems, à très-peu de frais, et sans que l'on y sente la fumée de houille. »

J'observerai que c'est très-improprement que l'inventeur a donné le nom de poêle à ce foyer, puisque ni l'un ni l'autre des deux tuyaux qui y sont adaptés, n'a d'issue dehors au grand air, soit par une fenêtre, soit par une cheminée. C'est simplement un *porte-feu* dont l'idée a été prise de M. *Gauger*.

CHAPITRE XXXVI.

Le Temple du Diable ; danger des Mouffettes des mines à Charbon, etc.

Voici une particularité qui ne permet point de douter que le charbon minéral ne provienne en grande partie des forêts englouties sous terre, par quelques révolutions arrivées au globe. Un écrivain allemand, nommé *Schultz*, rapporte que, près de la ville d'Altorf, en Franconie, il y a un souterrain de mille pas de profondeur, abîme si effroyable, qu'on l'a surnommé *Taiffels-Kirch*, c'est à dire, le Temple du Diable.

Dans les profondes cavités de cette mine, on a trouvé une quantité de grands charbons noirs, sonores et compacts comme du bois d'ébène ; quelques-uns avaient jusqu'à sept pouces de diamètre. On s'en est servi avec succès pour forger du fer, ce qui a contribué à faire surnommer cette caverne *le Temple du Diable.* Ce sont de grosses chauves-souris qui y font leur retraite sans doute depuis un temps immémorial. En effet, divers endroits sous lesquels ces espèces de vampires se tiennent accrochés les uns aux autres, et suspendus en forme de grappes, sont remplis de tas de fiente, qui ont jusqu'à deux toises carrées.

Lorsque l'on entre dans ce souterrain, des milliers de ces hideux oiseaux viennent former des nuages épais autour des flambeaux qu'ils éteignent ; et il est arrivé, plus d'une fois, que des personnes, se rappelant sans doute alors les contes de revenans dont on berça leur enfance, sont tombées de frayeur. Ce qu'il y a de certain, c'est qu'on y a trouvé des hommes gisans, et dont les cadavres tout desséchés étaient entourés de plusieurs milliers des monstres ailés qui remplissent cet effrayant Tartare.

Dans les mines de houille, qui nous retracent réellement l'image des enfers, il arrive souvent des malheurs dignes de ces souterrains épouvantables; la plupart de ces accidens sont causés par des exhalaisons connues sous le nom de *Mouffettes*. Ces vapeurs qui ressemblent à un brouillard épais, et à des toiles d'araignées, obscurcissent d'abord la lumière, et finissent par l'éteindre dans les endroits où les mineurs taillent le charbon minéral. A peine la lampe sépulcrale du mineur est-elle éteinte, que l'on entend soudain un bruit semblable à la détonnation d'une pièce d'artillerie.

Les *Transactions philosophiques* nous fournissent divers exemples de ces explosions qui causent d'horribles ravages.

Un ouvrier, peu expérimenté encore,

travaillait depuis quelques jours dans une bure, ou mine de charbon de terre, aux environs de Liége. Ayant aperçu un de ces brouillards précurseurs de la tempête, voltigeant autour de sa lampe, il mit le feu à la mouffette, au lieu d'éteindre vite sa lumière, et de se coucher tout de son long à terre, comme c'est l'usage, en pareil cas: ce fut la dernière heure du mineur imprudent. La vapeur s'enflamma, et l'on entendit de suite un fracas semblable à celui du tonnerre quand il tombe et qu'il éclate. Il se fit, par trois ouvertures différentes, une éruption de feu et de flammes. Soixante mineurs périrent en cette occasion. Deux hommes et une femme qui se trouvaient au fond, à plus de trois cents toises de l'ouverture de la mine, furent poussés dehors, et lancés tous trois à une distance considérable. La secousse fut si violente, que l'on trouva un grand nombre de poissons morts, et surnageant à la surface des eaux d'une petite rivière qui coulait à une demi-lieue de la mine.

CHAPITRE XXXVII.

La Tourbe.

Combien la nature est féconde! qui n'admirerait ses richesses inépuisables et la variété de ses productions? En couvrant la surface du globe d'immenses forêts destinées à nous défendre de l'intempérie des saisons, et de mille maux auxquels notre faiblesse est en butte, elle prévit sans doute l'abus que nous ferions de ses bienfaits. Afin de subvenir à la destruction des forêts qui sont des siècles à croître, cette mère indulgente les a remplacées par d'autres combustibles qu'elle recrée sans cesse. Ainsi, au défaut de ces grands et superbes végétaux qui font le plus bel ornement de la terre, et la première matière du chauffage commun, nous pouvons exploiter heureusement, dans tous les pays, des mines abondantes de charbon fossile qui sert à tant d'usages; c'est encore ainsi qu'en creusant simplement la superficie du sol, nous trouvons une troisième espèce de chauffage, non moins abondant et aussi bon que les premiers qui s'enflamment quelquefois d'eux-mêmes, par le mélange des matières nitreuses et sulfureuses qui s'y trouvent. Tel est celui, par exemple, qui est à quelques lieues de Sarbruck, et qui brûle depuis un siècle. Telle est encore la mine du mont *Saint-Etienne* dans le Forez, dont la chaleur est si forte, que les plus pauvres habitans y font cuire leurs alimens, en plaçant des vases sur les crevasses de la montagne.

Nous parlons de la *tourbe*, qui est une espèce de terre brune et inflammable. Cette substance est formée de la putréfaction des feuilles d'arbres, des plantes, des joncs, des roseaux, etc. On distingue deux espèces de *tourbe*, l'une compacte, noire et pesante; l'autre qui est brune, spongieuse et fort légère; celle-ci s'enflamme promptement, mais elle se consume très-vite, et donne bien moins de chaleur que la *tourbe* noire.

La *tourbe*, ainsi que le charbon de terre, se trouve dans toutes les contrées de l'Europe, et sans doute dans les autres parties du globe; mais c'est surtout en Hollande qu'elle abonde, et qu'elle est de la meilleure qualité. Cela doit être ainsi, parce qu'un pays échappé au déluge des eaux, qui a éprouvé de leur part de continuelles révolutions, ne peut manquer de renfermer dans son sein, une substance à la formation de laquelle les eaux sont nécessaires.

Voici comment les Hollandais exploitent les tourbières. Lorsqu'ils ont trouvé un ter-

DES FRILEUX.

rain propre à fournir de la *tourbe*, ils enlèvent avec des bêches le gazon et la terre qui sont dessus. Après avoir ainsi creusé, comme le terrain est fort bas, et même au-dessous du niveau de la mer, l'eau ne tarde point à remplacer la première *tourbe* que l'on a enlevée. Alors on conduit un bateau dans cette espèce d'étang; puis des hommes, par le moyen de longs bâtons au bout desquels sont des filets soutenus par des cercles de fer, puisent ainsi un bourbier noir et filandreux; ils en remplissent leur nacelle, puis ils vont déposer ce limon épais dans une grande place où on le fait sécher pendant l'été.

L'année suivante, lorsque cette terre étendue par couches d'un pied environ, s'est réduite à l'épaisseur de quatre ou cinq pouces, on la coupe par morceaux égaux, afin de la ranger comme des briques; puis on la transporte pour la vendre et la débiter.

Dans la Hollande, les endroits d'où l'on a tiré la tourbe deviennent un terrain absolument perdu; c'est pourquoi l'Etat fait payer très-cher la permission de creuser son terrain, pour en tirer cette espèce de combustible. Les particuliers qui obtiennent cette permission, sont obligés d'assigner un autre bien solide, qui alors est chargé des taxes que l'on payait auparavant pour le terrain que l'on a creusé. On voit, en plusieurs endroits de la Hollande, des lacs immenses creusés ainsi de main d'homme, dans les endroits d'où l'on a tiré de la *tourbe*.

Comme le bois est très-rare en Hollande, la *tourbe* est presque l'unique chauffage que l'on y connaisse; et les habitans sont continuellement forcés de diminuer le terrain qu'ils occupent, pour avoir de quoi se chauffer. La *tourbe* répand une odeur désagréable pour les personnes qui n'y sont point accoutumées, mais sa chaleur est aussi bonne que celle du bois et du charbon de terre, sans en avoir l'âpreté.

CHAPITRE XXXVIII.

Phénomène dans la Tourbe de Péeland.

Dans un canton du Brabant hollandais, voisin de la Gueldre, il y a un terrain immense, et tout rempli de tourbe dite de *Péeland.* Ce grand marais présente un phénomène qui annonce encore les révolutions du globe : il y a au-dessous de la *tourbe*, à une profondeur considérable, une prodigieuse quantité d'arbres, et surtout de sapins qui sont encore entiers et très-bien conservés; ces arbres sont couchés vers le sud-est, ce qui fait voir que c'est un vent d'ouest qui les a renversés, et qui a accumulé ces plaines de sable dont le pays est couvert.

Dans la Thuringe, il y a aussi une tourbe sous laquelle on a trouvé des dents, des mâchoires et des ossemens d'animaux d'une grandeur plus colossale encore que celle de l'éléphant.

Le meilleur moyen que l'on ait imaginé jusqu'à présent pour perfectionner l'usage de la *tourbe*, c'est de la réduire en charbon; ce que l'on effectue en la brûlant jusqu'à un certain point, puis en l'étouffant comme les mottes à brûler. Par ce moyen, la tourbe carbonisée a moins d'odeur, et elle devient plus propre aux usages domestiques.

Il serait à souhaiter qu'en France, où la consommation et le prix du bois vont toujours en augmentant, on s'occupât de recherches sur la *tourbe*, dont les cendres d'ailleurs sont si précieuses pour fertiliser certaines terres, et surtout les prairies qui sont basses et humides.

CHAPITRE XXXIX.

Le Tan et les Mottes à brûler.

On donne cette dénomination à des petits pains de l'épaisseur et de la forme d'une grande tabatière, et composés avec du tan, c'est-à-dire avec de l'écorce de chêne, qui sert à préparer des peaux de bœufs chez les tanneurs.

« Le petit peuple se sert de *mottes* à
« brûler pour se chauffer, parce qu'elles se
« vendent à bon marché, et qu'elles con-
« servent long-temps la chaleur lorsqu'elles
« sont embrasées. » Voilà tout ce que dit le *Dictionnaire Encyclopédique* sur ce combustible, qui mérite pourtant quelques autres détails, à raison du meilleur parti

que l'on pourrait en tirer, même chez les personnes qui sont dans l'aisance.

Les *mottes à brûler* qui se vendent à Paris, à raison de quinze ou seize sous le cent, forment un chauffage très-vif, et qui anime singulièrement le bois que l'on brûle dans les cheminées: il suffit d'en mettre deux ou trois sur les bûches, et alors on est étonné qu'une demi-livre au plus de cette substance chauffe autant qu'un morceau de bois de six livres environ. Ce qui augmente singulièrement la chaleur de ce combustible, ce sont les poils de bœufs qui y sont incorporés; mais c'est aussi ce qui en rend la fumée insupportable, et même nuisible, au point d'étouffer et de faire périr une personne, ainsi que la vapeur du charbon, quand elle ne prend point son cours par le tuyau de la cheminée.

Pour faire perdre aux *mottes* de tan l'odeur fétide qu'elles exhalent, et qui, sans doute, est cause qu'on n'en consomme point dans les maisons riches, il suffit de les faire brûler jusqu'à ce qu'elles ne flambent plus; alors on les étouffe sous un vase, et quand elles sont éteintes elles donnent une chaleur qui est à la fois douce et très-pénétrante; elle est telle alors, qu'une seule motte, ne pesant que trois ou quatre onces, réchauffe à l'instant les doigts engourdis par la gelée.

Les *mottes* ainsi réduites, sont très-commodes pour allumer les chaufferettes, les fourneaux de charbon, et le bois de la cheminée; il suffit d'en approcher une allumette, elles prennent feu soudain, s'embrasent peu à peu, ainsi que les matières qu'elles touchent : voilà pourquoi, si l'on voulait en mettre en réserve, il faudrait les renfermer dans un vase de terre ou de tôle; en effet, la plus légère étincelle d'une lumière qui volerait sur ce combustible tout particulier, y mettrait immanquablement le feu ; il brûlerait sourdement sans qu'on s'en aperçût, et il causerait un incendie.

C'est ici le lieu de produire une idée que je crois profitable aux fabricans de *mottes* de tanné, et dont l'exécution serait d'un grand soulagement aux malheureux qui les colportent dans de pleines hottes, à la sueur de leur front, et qui font ainsi plusieurs lieues dans Paris, pour gagner une livre de pain. On pourrait former de larges grils, et brûler ainsi plusieurs douzaines de mottes à la fois : alors elles seraient moins pesantes des trois-quarts, et le transport en serait plus facile. Il est très-sûr aussi qu'on en achèterait davantage, à raison de leur utilité, et de l'excellente chaleur qu'elles procureraient, surtout quand elles ont subi la seconde opération dont je viens de parler.

On a vu, ces années passées, pendant la

disette du pain, une petite fille gagner ainsi sa vie et soulager sa mère infirme, en vendant aux femmes de la Halle des *mottes brûlées*, pour allumer leur poussier. Levée bien avant quatre heures du matin, cette pauvre enfant portait d'une main un panier rempli de ce léger combustible, de l'autre elle tenait une lanterne, où il y avait une lumière et des allumettes, et moyennant un liard qu'on lui donnait, elle allumait d'un clin d'œil le pot ou la chaufferette des revendeuses, qui l'appelaient *Braisillette*.

Revenue à la maison, vers neuf ou dix heures du matin, cette petite fille y apportait dix à douze sous, plus ou moins, puis en outre des racines, quelques fruits, des morceaux de pain, et jusqu'à du poisson, dont les marchandes garnissaient son panier du plus grand cœur du monde; car il est à remarquer que le petit peuple qui gagne sa vie à la sueur de son front, est plus sensible à la peine, et donne plus franchement que la plupart des personnes riches.

CHAPITRE XL.

L'Amadou.

Entouré de forêts et de bois de toute espèce, foulant sous ses pieds de vastes mines de charbon fossile, et d'immenses tourbières destinées à son chauffage, l'homme, cependant, n'eût pu profiter de ces combustibles abondans faute d'un agent capable de les enflammer peu à peu. C'est ainsi que, privés des connaissances précieuses que nous fournissent les arts, des peuples entiers ont ignoré long-temps l'usage du feu; quelques peuplades barbares n'en connaissent même encore d'autre aujourd'hui que celui du soleil. La plupart des Sauvages, plus industrieux, remplacent cette première amorce que nous avons imaginée pour avoir de la lumière, par le frottement violent de deux morceaux de bois résineux et bien sec. Mais ce moyen pénible et long ne peut se comparer à celui de l'*amadou*, qui est immanquable et supérieur à toutes les autres inventions de ce genre.

L'*amadou* est une substance tendre, molle et facile à déchirer : le meilleur se fait dans les pays du Nord, avec des champignons appelés *bolets amadouviers*. On en fait également avec des excroissances qui se trouvent sur les vieux chênes, sur les frênes et les sapins.

On fait bouillir ces matières dans de l'eau commune ; on les bat ensemble, de façon qu'elles se lient et qu'elles forment de larges pièces, que l'on fait bien sécher.

Après cette préparation, on donne à l'*amadou* une forte lessive de salpêtre ; on y mêle de la poudre à canon, on le met ensuite sécher au four; après l'en avoir retiré, on le bat de nouveau pour le rendre souple et mollet, et alors l'*amadou* est fait.

Rien n'est plus commode que l'*amadou* pour se procurer promptement du feu, soit à l'aide d'un verre convexe exposé aux rayons du soleil, soit par le moyen commun d'une pierre bien tranchante, d'un briquet d'acier et d'une allumette. Celui qui l'inventa, ou qui en donna la première idée, méritait bien d'être cité, à raison de la grande utilité de cette invention, et du besoin renaissant que l'on a de se procurer de la lumière, soit le jour, soit la nuit, dans toutes les saisons et dans tous les pays où l'on se trouve, surtout quand on y est isolé.

Les Grecs et les Romains qui n'avaient point les connaissances chimiques et physiques, que dix siècles de plus nous ont enfin procurées, entretenaient des lampes allumées pendant toute l'année, afin de trouver du feu à chaque instant, et c'est là l'origine de l'institution du collége des Vestales, chargées spécialement d'entretenir un élément de première nécessité.

Soin nécessaire pour avoir de l'amadou bien sec, et du feu bien vite.

Tous les jours on voit des personnes qui, soit en se levant le matin, soit en rentrant le soir chez elles, éprouvent le plus grand embarras pour avoir du feu. Vainement elles recourent à leur amadou, plus vainement encore elles battent leur pierre à fusil à coups redoublés. On voit bien jaillir des milliers d'étincelles, mais point de feu. Après une grande demi-heure d'efforts infructueux, on jette tout d'impatience, et l'on se voit obligé d'aller demander de la lumière chez des voisins qui, souvent, ne sauraient s'en procurer eux-mêmes.

Cet embarras provient de deux causes auxquelles on ne fait nulle attention : 1.° L'amadou est le plus souvent humide, éventé, ou trop dur; 2.° à force d'avoir été labourée et tailladée, la pierre à fusil, émoussée et toute raboteuse, ne détache du briquet que des particules métalliques rondes et nullement propres à donner du feu.

On peut obvier aisément à ces difficultés : 1.° en tenant l'amadou bien enveloppé dans du papier, et en présentant au feu du briquet le côté déchiré; 2.° on rendra la pierre propre à l'objet qu'on désire, par le moyen suivant : on la tient bien de la main gauche, et, de la droite, on frappe sur les coins, de petits coups bien secs avec un marteau. On en détache ainsi bientôt des écailles qui la rendent tranchante comme un rasoir, et alors elle vous procure immanquablement du feu, en peu d'instans et sans nul effort, à l'aide de l'amadou enflammé et d'une allumette bien mince.

Un briquet, cette première pièce de ménage, est si nécessaire, en toute saison, que divers physiciens se sont évertués pour composer des phosphores qui tinssent lieu d'acier et d'amadou. Mais ces tentatives sont inutiles, parce que les phosphores, même du célèbre Rouelle, ne répondent point à l'usage dont il est question. D'ailleurs cette composition chimique n'est point sans inconvéniens.

Ceux qui ne peuvent battre le briquet, ont employé avec succès un moyen bien plus court : c'est de se procurer un pistolet à ressort, pour une vingtaine de sous. On y place un petit morceau d'amadou, on lâche la détente, et l'amadou prend aussi vite que de la poudre à canon.

CHAPITRE XLI.

LA CHAUFFERETTE DE FER.

Avant de détailler la construction, les avantages et la manière de gouverner le nouveau porte-feu dont cette seconde partie des combustibles est l'objet, il est à propos de savoir ce que les écrivains ont dit de la *chaufferette* ancienne.

L'*Encyclopédie* définit ainsi le petit foyer dont il est question : « la *chaufferette* est un coffret de bois garni de tôle et percé de tous côtés, pour que la chaleur d'une petite poële de feu que l'on y met puisse pénétrer. »

Dans les foyers des anciens, je n'ai rien vu qui fût relatif à celui-ci, dans le sens que nous lui donnons. Je doute même que l'on ait fait usage de *chaufferettes* dans des temps postérieurs, pour se chauffer les pieds. En effet, dans nos anciens vocabulaires ce mot ne signifie rien autre chose qu'un réchaud rempli de braise, et destiné à être mis sur la table, pour y tenir les viandes chaudes. Les étymologistes l'appellent en conséquence *mensarius foculus*, petit réchaud de table.

Jules Pollux, dans son Traité *De Vasculis* (des petits vases), donne à cet ustensile le nom grec de PURFERON, *porte-feu* ou *chaufferette*, mais toujours dans le même sens sous lequel nous entendons un réchaud.

Ménage lui-même, dans son *Dictionnaire Etymologique de la Langue française*, ne dit point que la *chaufferette* ou *chauffette* servît autrefois, ni de son temps, à se chauffer les pieds ou les mains, et il n'en parle que comme d'un petit réchaud de table.

Richelet est, je crois, le premier qui, dans son *Dictionnaire* imprimé à la fin du seizième siècle, présente le mot *chaufferette* comme un homographe signifiant également un réchaud et un petit foyer dont les femmes se servent pour se tenir les pieds chauds. Ainsi donc l'invention du *chauffe-pieds*, nom que portait cet ustensile dans son origine, et qu'il porte encore dans quelque partie de la France, ne remonte guère qu'à un siècle et demi.

Etymologie du mot CHAUFFERETTE. *Cause de sa nouvelle modification.*

Nous avons tous les jours sous les yeux des choses fort utiles, et néanmoins nous en faisons peu de cas, soit par préjugé, soit par l'empire de la coutume qui en restreint ou qui en empêche l'usage : tel est absolument le porte-feu destiné à l'emploi clairement indiqué par les deux mots latins dont il dérive : CALDUM FERRE, *porter la chaleur, l'approcher de soi.* C'est cette étymologie, et surtout l'incident que je vais rapporter, qui m'a donné l'idée de le modifier et de le rendre bien plus propre à sa destination.

On sait dans quel état le froid réduit les mains et les pieds de la plupart des enfans, et même des grandes personnes. Quoique je fisse bon feu à ma cheminée, cependant ma fille, que j'élève moi-même dès ses tendres années, avait toujours les doigts gonflés et couverts d'engelures tous les hivers; elle pouvait à peine écrire et toucher du piano. Comme on ne peut occuper sans cesse une cheminée, et que d'ailleurs c'est nuisible à la santé, j'essayai de faire fabriquer une chaufferette couverte d'une planchette de fer; la remplissant avec soin de poussier bien allumé, je la tins constamment sur notre table d'étude, de façon que l'enfant pouvait au besoin y promener ses doigts, et se chauffer ainsi sans être obligée de quitter sa place.

Ce que j'avais conjecturé eut un plein succès. Je ne tardai point à reconnaître que les engelures, pour la guérison desquelles j'avais employé vainement plusieurs remèdes, n'en demandaient pas d'autre qu'une chaleur constante et douce ; en effet, ma fille fut guérie en six semaines, et moyennant les mêmes précautions, elle n'éprouva plus le même mal les années suivantes.

Mais voici un autre avantage que je retirai de ma chaufferette de fer, et je me fais un vrai plaisir d'en faire mention, à raison de l'économie du chauffage dont je vais donner une preuve. Travaillant à côté de mon élève, et me chauffant également les mains et les pieds par le moyen de deux chaufferettes, dont la première eut et porte en conséquence le nom de *Manuel*, et la seconde celui de *Pédale*, je ne songeais nullement au feu de la cheminée. Comme je n'en sentais pas le besoin, je négligeai de l'attiser, et cela sans nulle intention de calcul ni d'épargne.

L'année suivante, quand il fut question d'acheter du bois pour l'hiver, je fus bien agréablement surpris, en descendant à la cave, d'y trouver ma provision presque entière. Charmé de la découverte, j'examinai de plus près et le combustible et le nouveau foyer qui m'avaient si bien servi, je fis des réflexions et diverses remarques sur leurs avantages; les ayant trouvées ensuite confirmées par ce que j'ai déjà rapporté sur le chauffage des anciens, j'ai cru devoir entrer dans quelques détails qui méritent peut-être l'attention du public, par rapport à l'utilité réelle qu'ils renferment.

CHAPITRE XLII.

Nécessité indispensable du Feu, et de sa chaleur.

Nous considérons ici le *feu* concentré et modifié dans la chaufferette de fer, sous le point de vue du besoin indispensable que l'on en a pendant cette longue partie de l'année où le froid domine. On a dit avec raison que le besoin du feu va de pair avec celui des subsistances. On voit même beaucoup de personnes, encore dans la force de l'âge, pour lesquelles ce besoin devient plus urgent; elles se contenteraient volontiers de manger du pain sec et de boire de l'eau, pourvu qu'elles fussent bien chaudement.

DES FRILEUX.

En effet, de toutes les souffrances auxquelles la frêle humanité se voit en butte, celle du froid est une des plus douloureuses dans sa continuité. Dans ces temps neigeux où le vent du nord souffle de petits poignards glacés qui s'enfoncent par milliers dans nos membres, et qui déchirent la peau, on éprouve un malaise insupportable ; faute de feu ou de mouvement, le sang circule avec lenteur ; tout gelé et morfondu, le corps endolori est comme un bloc de marbre ; les facultés intellectuelles se ressentent bientôt à leur tour de ce pénible état ; et elles s'engourdissent au point qu'il n'est guère possible d'agir ni même de penser dans une pareille léthargie.

Aussi chez les Grecs et chez les Romains entretenait-on soigneusement des foyers publics et vastes pour les indigens ; suivant des lois formelles, il était même défendu de refuser du feu à personne. *Gronovius,* dans son livre des *Antiquités*, dit : *Ignem non facile negare petenti licebat apud veteres ; videbatur enim hoc valde alienum ab humanitate et vitâ hominum atque naturâ, quæ aquâ et igne carere non possunt.* Gron., t. VII, p. 180.

C'est-à dire il n'était pas permis de refuser du feu : un tel refus semblait trop opposé aux lois de l'humanité, et trop contraire à la nature qui ne saurait subsister sans le secours du feu et de l'eau.

En un mot, dit *Lucrèce*, dont un poète moderne a bien rendu la pensée :

... Quels que soient du feu le principe et l'essence,
Les élémens rivaux éprouvent sa puissance.
Sans lui, rien ne vivrait ; sans lui, l'amas des corps,
Ainsi que sans chaleur, languirait sans ressorts ;
Et, tenant en repos cette masse inféconde,
Une froide inertie engourdirait le monde.

CHAPITRE XLIII.

Utilité de la CHAUFFERETTE DE FER *pour quantité de personnes.*

Comme le bois de chauffage devient extrêmement cher, même pour les personnes dont les revenus sont moins bornés que ceux de quantité de particuliers, il importe donc de chercher à le remplacer par quelqu'autre combustible. Or, nous en présentons les moyens à l'aide de la *chaufferette nouvelle*, et du poussier, gouvernée comme on va l'indiquer dans les chapitres suivans.

Notre foyer portatif convient particulièrement aux gens sédentaires que leur état oblige de rester assis ou debout, sans avoir à se déplacer ni à faire grand mouvement; tels sont les astronomes, les hommes de lettres, différens artistes, les bibliothécaires, les archivistes, les enfans élevés à la maison paternelle, et qui surtout apprennent à jouer de quelques instrumens; tels sont même encore nombre de voyageurs d'une santé délicate, et faisant de longues traites dans les coches ou sur mer.

Il y a surtout une autre classe d'hommes bien dignes d'intérêt, et que nous avons particulièrement considérés en combinant le porte-feu, je veux dire les pauvres vieillards, les malades, les infirmes, les détenus, et cette prodigieuse quantité d'indigens qui végètent dans un misérable réduit au fort des hivers rigoureux. Abandonnés de toute la nature, n'ayant d'autre sensation que celle de la douleur, d'autre perspective que les frimas et les neiges, moitié vêtus, souvent sans pain, que deviennent-ils, durant les longues et pénibles heures de leurs éternelles journées? Quelle horrible situation! quelle existence!

Si du moins ces malheureux pouvaient approcher d'un peu de feu leurs membres endoloris et glacés, s'il leur était loisible d'y recueillir à peu de frais une chaleur douce et constante, ils détesteraient moins leur misérable existence, et l'espérance renaîtrait peut-être dans leur âme anéantie.

Mais abstraction faite des facultés pécuniaires, de la pauvreté ou de la profession de ceux à qui la *chaufferette de fer* peut servir, il est certain qu'à raison de sa sûreté, de sa propriété et de sa douce chaleur, les personnes dans l'aisance s'en accommoderont également; très-souvent elles ne font du feu qu'à une cheminée; et pour ne point s'y brûler le sang, elles ne s'y tiennent pas sans cesse. Obligées, d'ailleurs, fort souvent, d'aller et de rester dans une autre pièce, elles ne tardent point à sentir le besoin d'un peu de chaleur; et, faute de son secours, elles risquent de gaguer un rhume ou des fluxions, et cela bien plutôt que ceux qui sont accoutumés au mal et qui bravent les intempéries de l'air.

CHAPITRE XLIV.

Moyens illusoires employés pour économiser le bois de chauffage. Chaleur et prix modique du poussier.

Depuis long-temps on fait mille tentatives pour économiser le bois de chauffage; on en met le moins possible dans le foyer, on substitue à sa place, ou l'on y mêle tantôt la tourbe des marais, tantôt de la houille ou des briquettes de charbon de terre; et souvent on emploie du tan ou des mottes à brûler; mais bien loin d'atteindre au but qu'on se propose, on double la consommation, et le bois, qui disparaît d'un clin d'œil, produit ainsi une chaleur cuisante et peu supportable.

Suivant un système d'économie, tout opposé, d'autres personnes garnissent, à la vérité, leur foyer de belles et bonnes bûches, mais elles n'y sont guère que pour la représentation; enfouies sous un monceau de cendres, elles y figurent seulement comme aujourd'hui les tasses à café sur le marbre des cheminées; deux petits tisons, placés plus bas, et tristement accolés, s'avisent-ils de flamber un tantinet, vite une main vigilante et parcimonieuse en saisit un avec sollicitude, au bout des pincettes; elle le sépare de son compagnon, et l'éloigne sans pitié, des assistans enfumés et morfondus.

Voici une inconséquence qui s'accorde mal avec l'esprit de calcul que le renchérissement progressif des denrées provoque de jour en jour. On a sous la main un combustible qui n'a ni la fumée, ni les vapeurs subtiles, ni l'odeur fétide, ni les dangers de ceux dont je viens de parler, je veux dire le *poussier* de charbon de chêne : cette poussière inflammable, dont les particules ignées sont divisibles à l'infini, renferme ce qu'il y a de plus substantiel dans le robuste végétal dont elle est le résidu; la durée de son feu, qui brûle avec lenteur, se prolonge plus de dix fois au-delà de celle du bois; sa chaleur que l'on modifie à volonté, est vive ou douce selon le besoin, bienfaisante et salutaire. En un mot, ce combustible, d'un petit volume, et d'un transport facile, est en outre peu coûteux; les plus pauvres gens peuvent s'en procurer à peu de frais; mais ils ignorent malheureusement la manière de l'employer, et d'en tirer le service dont il est susceptible.

CHAPITRE XLV.

Raisons du peu d'usage du poussier.

Le peu d'usage que l'on a fait jusqu'ici du poussier, surtout dans les maisons où il y a quelque aisance, peut être attribué à deux causes principales : la première, c'est qu'il est difficile à allumer; la seconde, c'est que les ustensiles dont on s'est servi jusqu'à présent, pour s'en chauffer, sont sujets à plusieurs inconvéniens, et qu'ils occasionnent même des accidens malheureux. On a toujours négligé de fabriquer des foyers sûrs et propres à contenir un chauffage aussi commode; il n'y avait pourtant qu'un changement léger à faire, et peu de dépense; mais on avait besoin d'observations particulières pour l'emploi de ce combustible. L'instruction que nous allons tracer sur cet article, exige plusieurs détails, qui sont minutieux, mais indispensables. Le lecteur judicieux les excusera sans doute, s'il considère que rien n'est indifférent, dès qu'il s'agit du bien de l'humanité, sans cesse en proie à tant de calamités et de misères.

CHAPITRE XLVI.

Défauts et dangers des anciennes chaufferettes.

On l'a déjà dit cent fois; il faut le redire encore; les objets de pur agrément ont été poussés dès long-temps au dernier degré de perfection : mais la plupart des choses qui tendent à conserver l'homme, à l'instruire et à l'éclairer, sont toujours sous le joug de la routine. Rien de si urgent que le besoin de chauffage; cependant, dans quelle barbarie ne sommes-nous pas encore, par rapport à la construction des cheminées ? Qu'importe les marbres fastueux, la dorure et les glaces superbes dont on les décore, si, le plus souvent, leur fumée gâte les tentures et nous étouffe ?

Mais nous avons déjà parlé de cet article dans la première partie de cet ouvrage. Maintenant il est question de ces anciens ustensiles à feu, particulièrement en usage chez les artisans, et que la cherté du bois fait adopter de jour en jour chez les gens dont la vie est moins précaire, et même chez bien des personnes qui ne sont pas astreintes à des calculs d'une économie trop sévère.

Jusqu'à présent, ces petits porte-feu ont été fabriqués soit en bois soit en terre ; premièrement, des matières de cette nature ne sauraient rendre autant de chaleur que le métal ; secondement, elles ne contiennent point sans danger un élément aussi destructeur que le feu. Pour parer à cet inconvénient, on fait les chaufferettes d'une hauteur incommode ; et cependant il en résulte souvent des malheurs que la p évoyance n'a pas toujours évités, et qui fourniraient même matière à plusieurs volumes ; entre mille nous allons en citer un ou deux.

Une vieille gouvernante, placée près des enfans de la comtesse de Marsy, demeurant à Paris, près de la Magdeleine, avait laissé, en se couchant, une chaufferette de bois sur sa cheminée. Le poussier qui avait brûlé tout le jour, et qui était embrasé entièrement, avait échauffé d'autant plus la tôle de la poêle, que celle-ci était bien moins pleine vers le soir. Le dessous de la chaufferette s'étant échauffé à son tour pendant la nuit, le feu y prit d'abord, puis insensiblement à la tablette de la cheminée, qui était de chêne peint, façon de marbre.

DES FRILEUX. 185

Peut-être que cet événement n'aurait pas eu de suites fâcheuses, sans l'incident que voici : Le mari de la comtesse avait laissé, momentanément, sur la même cheminée, deux pistolets de poche dans une boîte d'acajou fermée à clef; le feu s'étant communiqué ensuite à cette boîte, elle s'enflamma; le canon des pistolets s'échauffa bientôt au point qu'ils partirent tous deux, et qu'ils chassèrent deux balles dans la tête de la gouvernante, dormant non loin de ses élèves, dans un lit dont le chevet était de niveau au dessus de la cheminée.

Heureusement que les deux petites filles, dont la couchette était fort basse, n'eurent d'autre mal que la peur. L'explosion des armes à feu les ayant réveillées en sursaut, elles se mirent à pleurer fort long-temps. Leurs cris continuels et prolongés avertirent enfin de l'incendie qui devenait sérieux. Des domestiques accoururent, et au moment où ils entrèrent dans la chambre, ils virent tomber à leurs pieds, et s'y briser en mille morceaux, la glace dont le parquet en charbon aurait embrasé celui de l'appartement, et brûlé, sans doute, toute la maison elle-même.

L'autre malheur, arrivé dans la ville de Crémone en 1787, fut également occasionné par une chaufferette; celle ci était de terre, et le couvercle en était rompu, comme il arrive presque toujours. La femme d'un charpentier, en allant se coucher, avait laissé cette chaufferette près d'une fenêtre d'où pendait un rideau de toile de coton. Un jeune chat, jouant fréquemment avec le coin du rideau flottant, et s'y suspendant avec ses griffes, y avait formé de longues loques qu'on avait négligé de raccommoder; une de ces loques s'étant trouvée justement au milieu du poussier allumé, elle prit feu ainsi que le rideau, qui, de suite, enflamma le plancher formé de grandes planches de sapin. C'était au milieu de la nuit, et les flammes firent des progrès si rapides, que lorsque les secours vinrent, il fut impossible de l'arrêter. Onze maisons furent réduites en cendres, vingt-trois personnes et onze enfans périrent dans cet horrible incendie.

D'une autre part, combien de femmes et de jeunes filles se sont brûlées toutes vives en se laissant aller au sommeil pendant qu'elles avaient les pieds sur des chaufferettes de terre, rompues ou sans couvercle? Combien d'autres accidens de ce genre ne voit-on pas encore arriver tous les jours, et que l'on évitera immanquablement par le nouveau porte-feu, modifié ainsi qu'on le verra dans le chapitre quarante-huit.

CHAPITRE XLVII.

Préjugés contre les chaufferettes en général.

Il y a un préjugé établi contre les chaufferettes en général ; mais c'est encore moins par rapport aux accidens réels dont nous venons de parler, qu'à cause de leur chauffage, que l'on croit nuisible à la santé, surtout à celle des jeunes personnes et des enfans. On dit qu'ils deviennent ainsi frileux, et qu'ils se brûlent le sang. Ces raisons sont fondées ; mais nous observerons que les défauts imputés ne sont point essentiellement attachés à la chose, mais à son organisation vicieuse, et à l'abus que l'on en fait. Le feu de la cheminée n'a-t-il pas le même inconvénient, quand on ne le gouverne pas avec mesure et précaution ?

DES FRILEUX.

Parmi les personnes qui font usage de l'ancienne chaufferette, la plupart ne se donnent point la peine d'allumer du poussier; afin d'avoir plutôt fait, elles vont prendre à l'âtre des pellées entières de feu; la braise ardente dont elles remplissent la petite poêle, jette tout à coup une chaleur trop vive qui brûle au lieu de chauffer par gradation. Or, on sait que le passage subit du froid au chaud, est la cause ordinaire de ces plaies douloureuses, qu'aux mains l'on appelle *engelures*, et qui reçoivent le nom de *mules*, lorsqu'elles ont le talon pour siége. C'est donc à cette mauvaise pratique que l'on doit attribuer les préjugés contre les chaufferettes, qui, véritablement, épuisent ainsi le feu de la cheminée, et font plus de mal que de bien.

D'autres fois on en interdit l'usage aux jeunes personnes, non pas encore par rapport aux engelures, mais par la seule raison que la chaufferette les rend frileuses. Cette défense peut partir d'un tendre intérêt, mais elle est peu éclairée. Devient-on frileux pour rester bien chaudement les nuits entières dans son lit? N'éprouve-t-on pas au contraire un malaise, ne gagne-t-on pas des rhumes, aussitôt que le froid ou l'humidité s'empare des pieds, et s'insinue dans tout le corps?

Un enfant, assis des journées entières à une table d'étude, et cela pendant les temps froids, a certainement besoin d'un peu de feu qui soit à sa portée: soit pour lire, soit pour écrire; il lui en faut surtout pour éviter beaucoup d'incommodités trop communes, faute d'une douce température, qui entretienne la transpiration, et qui maintienne l'harmonie des facultés physiques et morales.

C'est bien le lieu de produire ici l'autorité de l'oracle de la médecine. Hippocrate, au dix-huitième de ses Aphorismes, dit positivement : « *Frigidum inimicum ossi-* « *bus, dentibus, nervis, cerebro, spinali* « *medullæ : calidum vero amicum.* »

C'est-à-dire, le froid est l'ennemi des os, des dents, des nerfs, du cerveau, de l'épine dorsale ; le chaud, au contraire, en est l'ami, et procure au corps le plus grand bien.

On n'ignore pas qu'il est en tout un juste milieu. Que l'on défende à la jeunesse un feu trop ardent, c'est prudence ; mais quand elle est sédentaire et qu'elle ne fait aucun mouvement dans les temps humides ou froids, il faut lui procurer soigneusement une chaleur modérée, continuelle, douce et bienfaisante, à l'instar de celle de la *chaufferette de fer*, dont nous allons tracer les dimensions.

CHAPITRE XLVIII.

Dimensions de la Chaufferette de fer.

Cette nouvelle *chaufferette* présente la forme d'un coffret : elle est à peu près du même volume que l'ancienne, mais elle est beaucoup plus basse, et n'a pas besoin de poêle, qu'elle forme par elle-même, par le moyen de son foyer.

1° Son *foyer*, en tôle forte, a quatorze pouces de long sur huit de large, plus ou moins, et il porte environ **dix-huit lignes** de haut, dans son intérieur.

N. B. Ce *foyer* se termine par des crénaux de deux lignes de hauteur et de six de longueur; il pose solidement sur un fond dont le pourtour déborde d'un demi-pouce pour son assiette.

2° La *couverture* du foyer est, non pas

de tôle, mais de fer battu, et de l'épaisseur d'une ligne au moins; elle est percée sur sa largeur de sept rangs de cinq trous chacun, et ces trous sont de la grandeur d'un centime.

N. B. La couverture dépasse d'un demi-pouce les quatre côtés du foyer.

3° La planchette de fer qui forme la couverture, s'ôte et se replace à volonté; et, pour cet effet, elle s'enclave dans quatre chevilles de fer plantées et rivées dans les quatre angles intérieurs du foyer.

4° Il y a un vide pratiqué à droite, et tout au bout, dans l'intérieur du foyer: cet espace s'agrandit ou se diminue à l'aide d'une planchette de tôle mobile, selon que l'on veut faire plus ou moins de feu.

N. B. Ce vide est destiné à un cendrier de tôle, dans lequel on met le superflu de la cendre, et la petite pelle nécessaire au service de la chaufferette.

5° Tout au haut du pourtour extérieur du foyer, règne une *ventouse* formée d'un tuyau coupé, haut d'un pouce, et large de cinq lignes vers sa base; la partie supérieure de ce tuyau coupé aboutit sur les quatre côtés des crénaux du foyer, et elle le dépasse de deux lignes dans l'intérieur.

N. B. Le long des quatre côtés de ce tuyau à ventouses, et à quatre lignes au-dessus de sa base, sont rangés, à un demi-pouce de distance, des ouvertures ovales de la grandeur d'un décime, et elles correspondent de biais aux jours des crénaux du foyer dont elles animent le feu et décuplent la chaleur.

6° Une verge de fer attachée aux deux bouts de ce porte-feu, et retombant sur la pièce qui en est la base, forme son anse, et sert à le transporter commodément partout où l'on veut.

CHAPITRE XLIX.

Objection contre la complication apparente de la CHAUFFERETTE DE FER. *Preuves qui feront juger de sa simplicité et de ses effets.*

En se bornant à la lecture des détails du nouveau porte-feu, on le croira d'une grande complication, et surtout très-coûteux. On se trompera très-certainement sur les apparences qui induisent souvent en erreur; il n'est ni plus difficile à fabriquer, ni plus cher que les fourneaux dont on se sert dans les ménages. Cependant comme les préjugés l'emportent souvent sur les meilleures raisons, nous allons donner un moyen de faire juger des effets de la chaufferette nouvelle, par un léger changement fait à l'ancienne.

Il est à remarquer que l'excellente chaleur et les avantages de notre porte-feu proviennent en grande partie de la tablette qui le ferme ; cette couverture étant de fer battu, elle retient et conserve beaucoup plus de particules ignées que le bois et l'argile. Cette même tablette ayant en outre une surface large, lisse et polie, on y recueille à souhait la chaleur graduée dont on a besoin, en passant ses mains tantôt au centre, tantôt le long des bords, et l'on peut assurer, d'après l'expérience, que l'on s'y chauffe bien mieux encore qu'à un poêle, qu'on ne saurait mettre sous ses pieds, et qui en dissipe bien difficilement le froid ou l'humidité, quelque grand feu qu'on y fasse.

Faute d'avoir éprouvé la chaufferette de fer, on pourrait faire encore une objection : on croirait au premier aperçu que la plaque qui la couvre, venant à s'échauffer

trop, pourrait brûler non seulement les
mains ou les pieds, mais encore les différentes choses qui y toucheraient : c'est
ce que j'ai cru d'abord; mais l'épreuve
m'a démontré le contraire. En effet,
si forte que soit sa chaleur, vers le milieu, le fer ne roussit pas même du papier
fin qu'on y met, et que l'on peut y laisser
en toute sûreté. Devient-elle trop vive au
centre pour les doigts, elle est toujours
très-bonne à deux ou trois pouces de distance.

Voici la raison de ce résultat : le feu sans
lumière, diffère de tout autre qui est clair
et produit par des combustibles flambans;
il a la vertu d'échauffer les corps qu'il approche sans les brûler incontinent. Or, le
poussier allumé a cette propriété. En se
consumant peu à peu, ce combustible se
couvre graduellement d'une couche de
cendres à travers lesquelles se filtrent les

particules ignées, et qui en adoucit l'acreté à mesure qu'elles montent et qu'elles s'échappent du foyer. Cette première cendre est encore bien ardente, sans doute ; mais si à cet intermédiaire vous en ajoutez un autre, tel que la tablette de fer qui prend et conserve très-long-temps la chaleur que le feu lui communique, il est certain que, garantissant du contact immédiat de l'ardeur du combustible, cette plaque de fer chauffe parfaitement, et ne saurait brûler. C'est ce que l'on concevra sans peine, quand on verra la manière que nous indiquons pour employer le poussier, et pour en modifier le feu, selon les divers degrés dont on peut avoir besoin.

CHAPITRE L.

Bons effets d'une Tablette de fer, même sur une chaufferette ordinaire.

Suivant les observations que l'on vient de faire, les personnes qui douteraient de la supériorité du nouveau porte-feu, pourront s'en former une idée à bien peu de frais, par les moyens suivans. Il leur suffira d'appliquer tout simplement une tablette de fer à l'ancienne chaufferette; mais il y a encore à cet égard une précaution à prendre; il faut absolument que cette planchette soit de fer battu et de l'épaisseur d'une ligne au moins. En effet, si, par erreur ou par un faux calcul, cette planchette n'était que de tôle, elle s'échaufferait bien vite, à la vérité, mais elle brûlerait les mains au lieu de les chauffer; et, pour peu que le feu se ralentît, elle se refroidirait aussitôt.

On pourrait encore tirer un meilleur parti, même des chaufferettes de terre, dont le prix très-modique et la nécessité conserveront toujours l'usage. Il faudrait d'abord que les potiers les fissent plus basses d'un quart, et absolument toutes découvertes; alors, au moyen d'une emboîture pratiquée le long des bords intérieurs, on les couvrirait d'une plaque de fer, percée de plusieurs trous, toute unie et sans bouton au milieu; nous osons l'assurer ici avec conviction : cet ustensile à feu, ainsi modifié, vaudrait un petit poêle, parce que la la terre et le fer conservent la chaleur long-temps.

En attendant l'exécution de cette idée, il se présente un second moyen, moins coûteux encore; il ne vaut pas le premier, mais il ne demande aucun apprêt, et il offre plusieurs objets d'utilité dans un ménage. Comme les chaufferettes de terre périclitent communément par le couvercle, et que d'ailleurs elles sont très-solides, il est facile de leur en substituer un de tôle; et voici comment il doit être fabriqué, pour servir à trois usages différens, c'est-à-dire pour se garantir d'abord, soit du feu, soit du froid; puis pour faire chauffer en outre quelque liquide.

1° Le couvercle dont il s'agit doit avoir la forme d'une écuelle carrée et la profondeur de huit ou dix lignes;

2° Il doit être percé de plusieurs trous, un peu moins grands qu'un centime;

3° Il faut qu'il pose de part et d'autre sur les deux bouts de la chaufferette, moyennant deux oreilles qui en suivront la courbure.

Par ce changement léger, on se chauffera les pieds d'autant mieux qu'ils n'y rencontreront point l'obstacle du bouton de l'ancien couvercle; le nouveau n'étant plus sujet à se casser, ni à se déranger, garantira des dangers du feu, dangers qui sont si fréquens. En un mot, on sera à même d'y placer un vase, sans déranger le poussier allumé, et de tenir ainsi chaudement quelque chose, soit le jour, soit la nuit, si l'on est incommodé.

CHAPITRE LI.

Mauvaise odeur occasionnée par les chaufferettes anciennes.

Lorsque l'on se chauffe les pieds sur les chaufferettes anciennes, il en résulte une odeur détestable des pantoufles échauffées; ce désagrément n'a point lieu avec le porte-feu nouveau, et voici la raison : comme le fer prend, conserve et rend beaucoup de chaleur, et que cette chaleur est sans rayons et concentrée, on s'y réchauffe naturellement, sans être dans le cas de tourmenter le feu. Mais comme le bois n'a point cette propriété, quand on y place ses pieds froids et humides, on est obligé, pour les dégourdir un peu, de remuer le poussier dont l'ardeur brûlante met tout à coup en mouvement l'huile rance que le cuir des souliers contient, et qui, de fait, répand une odeur fétide et vraiment insupportable.

Afin d'obvier à un tel inconvénient, il importe donc de tenir le feu de la chaufferette à un degré tel que la couverture de fer reste suffisamment échauffée ; et l'on en va voir les moyens dans les articles suivans, où il est question de la préparation, de l'emploi et de l'entretien du combustible nécessaire à ce sujet.

CHAPITRE LII.

Moyen d'allumer le POUSSIER *à l'aide d'un petit fourneau sans fond. Double usage de ce fourneau.*

QUELS que soient les avantages du nouveau porte-feu, cependant ils seraient nuls sans le concours du poussier. Mais ce combustible est difficile à allumer, par rapport à l'humidité qu'il conserve, et surtout à cause de l'extrême ténuité des particules qui le composent. Nous allons donner ici des moyens pour remédier à cet inconvénient qui, sans doute, a dégoûté jusqu'à présent bien des personnes d'en faire usage.

On allume le poussier, tantôt en y versant les cendres rouges d'un fourneau, ou bien des charbons tout embrasés; tantôt avec des copeaux menus et bien secs; d'autres se servent d'une motte consumée et étouffée sous un pot, et ce dernier moyen est meilleur que les précédens; mais on n'a pas toujours, en se levant le matin, un fourneau de charbon ardent, on n'a pas non plus sous la main des copeaux ou des mottes toutes réduites; car ce n'est qu'à l'aide d'un grand feu que l'on y parvient : c'est ce qui m'a donné l'idée d'employer un petit fourneau particulier, et de la braise de boulanger qu'on peut se procurer aisément au besoin.

Le petit fourneau dont il s'agit est de tôle et sans fond; il est évasé par le haut, et il va en diminuant par le bas comme un entonnoir; il se termine par une grille de quatre pouces de long sur deux de large; et il pose sur une bande ovale de tôle, qui est vide sous la grille, afin que cette ouverture serve de passage aux étincelles.

On remplit ce petit fourneau avec une poignée de braise qu'on allume même à une lumière : on le place ensuite sur le foyer de la chaufferette, et les cendres rouge qui en tombent graduellement font prendre peu à peu le poussier qu'il faut soulever tout doucement avec une petite pelle vers les bords de la poële, pour lui donner de l'air ; cette précaution est nécessaire dans le commencement; il s'éteindrait si on le soufflait ou si on le remuait brusquement, et il s'étoufferait sous des charbons, même embrasés, qu'on y laisserait trop longtemps; car il est à remarquer que ce combustible demande absolument à être fomenté par des étincelles dont l'exiguité soit analogue aux parcelles qui forment son ensemble.

J'en ai fait l'expérience plusieurs hivers de suite; quoique le petit fourneau ne contienne pas pour deux centimes de braise, cependant il peut servir à un second usage économique. Pendant qu'il reste sur le poussier et qu'il l'allume, on peut mettre dessus une écuelle, et y faire chauffer en même temps du lait ou du café pour le déjeûner de deux personnes.

N. B. Il ne faut pas moins d'une heure pour que le poussier prenne bien ; il faut bien prendre garde de le remuer brusquement pendant qu'il s'allume, parce qu'il ne tarderait pas à s'éteindre. On évitera cet inconvénient par le moyen bien commode que l'on va voir ci-après.

CHAPITRE LIII.

Moyen prompt et très-commode d'avoir une chaufferette toute prête le matin, en se levant.

Comme le poussier est extrêmement long à s'allumer, et qu'on est d'ailleurs dans le cas de perdre un temps infini le matin, soit pour se procurer du feu à l'aide du briquet, soit pour arranger la chaufferette, le meilleur moyen d'en avoir une toute prête à son lever, c'est de la laisser brûler pendant la nuit.

Afin de trouver le matin, et durant tout l'hiver, une chaufferette bien fournie, presque encore pleine, et en état de faire le service de la journée, voici les précautions qu'il faut prendre avant de se coucher :

1° On enlève la cendre blanche qui est à la superficie du foyer; puis, après avoir réuni le feu et l'avoir ramené en tas au milieu, on met du poussier noir tout autour, l'on en remplit les vides jusqu'aux bords, et l'on en comble même les deux bouts, autant que possible;

2° Il ne faut point mettre de poussier nouveau au milieu du foyer, on y laisse un espace libre, de la grandeur d'une carte, afin de donner de l'air, et de faire continuer le feu dans cet espace seul; car il est à remarquer que le poussier brûle bien sous sa cendre, mais il s'éteint bientôt si on le couvre de poussier noir;

3° Après que le poussier noir s'est ainsi séché toute la nuit autour de la poêle, sans brûler aucunement; le matin, il suffit d'ôter la couche de cendre épaisse qui s'est accumulée dans le petit espace susdit : on fait glisser, peu à peu avec la pelle, le poussier non allumé sous celui qui brûle encore au centre. Alors les étincelles paraissent bientôt; elles s'étendent de proche en proche, du centre aux extrémités du foyer, qu'elles embrasent d'autant mieux qu'il est déjà tout échauffé, et que le combustible est au dernier degré de sécheresse; en un mot, on obtient ainsi en cinq ou six minutes une chaleur bien agréable qui dure jusqu'au dîné, et qui vous met à même de bien travailler, sans être dérangé par le froid.

CHAPITRE LIV.

Comment il faut remplir la chaufferette de fer, et conduire le feu du poussier, pour en graduer la chaleur selon le froid.

Les personnes qui font usage de l'ancienne chaufferette, y laissent toujours la

DES FRILEUX.

cendre qu'elles retournent tout ensemble avec le poussier. Cette mauvaise pratique est cause que la chaleur en est excessive d'abord, et qu'elle se refroidit bientôt. Souvent même le feu, obstrué par les cendres mortes, finit par s'éteindre tout-à-fait. D'une autre part, elles ne remplissent point leur chaufferette de tout le jour, et elles la laissent s'épuiser jusqu'à ce qu'elles se couchent. Outre que, de cette manière, on consomme trois fois davantage, on est dans le cas, le lendemain matin, de perdre beaucoup de temps, on a mille peines pour faire prendre le poussier humide, et le plus souvent on ne peut réussir à l'allumer.

Afin d'éviter un embarras si contrariant dans l'hiver, et au moment des occupations que l'on peut avoir, il est des moyens bien simples.

1° Lorsque la cendre est devenue épaisse au point d'intercepter la chaleur, il faut l'enlever de dessus le foyer et la mettre dans le cendrier: elle peut servir à allumer la chaufferette le lendemain, en l'étendant sur le poussier, et en y mettant le feu;

2° On remplit, jusqu'aux bords, les deux bouts de la poële avec du poussier noir, on en met pareillement le long des côtés, et on le pousse avec la pelle sous celui qui brûle. Cette opération, qui n'est point longue, n'a guère lieu que deux fois dans la journée entière, et l'on n'a plus à se déranger pour animer le feu qui brûle ainsi sept ou huit heures durant.

CHAPITRE LV.

Moyen de graduer la chaleur de la chaufferette de fer.

Un des avantages que procure le nouveau porte-feu, c'est que l'on peut en graduer la chaleur selon le temps : on la rend douce ou vive, forte ou faible, à volonté. Nous avons déjà remarqué que le poussier surtout ne brûle absolument qu'à la place où on l'a allumé. Or, on agrandit ou l'on diminue cette même place en y étendant plus ou moins de poussier noir qui reste tel, et qui arrête tout à coup le feu sur lequel on l'a mis. C'est même ainsi que l'on peut éteindre le soir une chaufferette, si on la couvre entièrement de poussier qui n'en sèche que mieux pendant la nuit, et qui s'allume plus facilement le lendemain.

Voici le degré nécessaire pour obtenir une chaleur douce, égale et constante, durant six ou sept heures de suite, avec la chaufferette de fer. Il faut que la place du foyer brûlant sous la cendre, ait à peu près l'étendue d'une carte à jouer : et le pourtour doit être bien garni de poussier noir.

Si l'on veut donner au feu un peu plus d'activité, il suffit de plonger la pelle le long des côtés, et d'y enfoncer un peu le poussier noir, en soulevant au-dessus celui qui est rouge.

La chaleur devient-elle trop brûlante, il faut alors étendre le long des côtés quelques pellées de poussier noir, et l'on en modère ainsi l'excessive vivacité.

N. B. Il y a en outre un moyen de se procurer une chaleur non moins favorable à la peau qu'à la santé et exactement aussi douce que celle du soleil ; c'est de laisser sur la tablette de fer un sachet composé de trois toiles pour y mettre les mains qui y sont comme dans une étuve. On se réchauffe ainsi bien mieux et plus promptement qu'à une cheminée.

Le sachet de toile, appliqué sur la chaufferette nouvelle, offre encore un très-grand avantage, surtout pour les enfans : c'est celui de guérir leurs engelures et de les dessécher à mesure qu'elles se montrent. Nombre d'expériences ont démontré l'efficacité de ce remède, qui est simple et naturel; il est même d'autant plus précieux qu'il fait gagner beaucoup de temps perdu pour les études. En effet, dès que les mains sont prises et endolories par les plaies si sensibles que rouvre sans cesse le froid déchirant, un élève ne saurait ni lire, ni écrire, ni même jouer d'aucun instrument.

Si cependant les engelures étaient entamées depuis long-temps, il faudrait y appliquer une compresse d'huile de laurier. Rien n'est si cuisant, à la vérité, mais les engelures alors disparaissent pour la vie; il vaut bien mieux souffrir que de risquer de demeurer estropié; car les engelures déforment quelquefois les doigts, au point de les rendre tout crochus.

La chaleur, modifiée de la façon que je

viens d'expliquer, ne serait pas moins favorable pour plusieurs autres maux. Les blessures guériraient ainsi plus vite, et les blessés souffriraient moins, surtout pendant l'hiver dont le froid irrite de plus en plus les moindres plaies.

CHAPITRE LVI.

Usage de deux chaufferettes de fer, pour se préserver entièrement du froid.

J'en fais l'expérience depuis plusieurs années; moyennant deux chaufferettes, même ordinaires et tout simplement couvertes d'une tablette de fer battu, on a parfaitement chaud partout. La raison en est claire : c'est qu'elles arrêtent précisément le froid aux extrémités par lesquelles il s'introduit pour se répandre ensuite dans tout le corps; tels sont les effets de la *Pé-*

dale pour les pieds, et du *Manuel* à l'égard des mains.

Bien plus, ces deux porte-feu suffisent pour entretenir la température de l'air d'une chambre aussi chaudement qu'un poêle dont le feu n'est pas poussé fortement; et qui, comme on sait, n'empêche point qu'on n'ait les pieds gelés, si chaud qu'il puisse être.

Ce qu'il y a de mieux encore, c'est que l'entretien de trois chaufferettes, dont deux ont brûlé jour et nuit durant sept mois, ne m'a coûté que quatre charges de poussier, qui ne font pas en tout la somme de neuf francs. J'observe qu'il est bon d'en laisser brûler deux pendant la nuit également; voici pourquoi : si l'une ou l'autre vient à s'éteindre, on la rallume aisément le matin à l'aide de quelques étincelles prises de celle qui brûle encore. Quant à l'emploi du poussier, nous remarquerons en outre que cette espèce de chauffage, même avant qu'on le brûle, demande quelques préparations nécessaires pour se chauffer parfaitement.

Qualités que le poussier doit avoir pour le service du nouveau porte-feu.

Pour que le poussier chauffe parfaitement, il faut d'abord qu'il provienne, autant que possible, d'un bois dur, comme le chêne neuf, et non du bois blanc. Secondement, il doit être très-sec; or, il est aisé de l'avoir tel, même au fort des pluies et de l'hiver, en le faisant sécher aux deux bouts de la chaufferette, pendant que celui du milieu se consume. Troisième qualité non moins essentielle, c'est qu'il soit bien fin, état dans lequel il ne se trouve jamais; mais on y remédie sans difficulté, en le passant dans un panier d'osier à claire voie; de cette manière, le menu charbon reste au fond, et trouve son emploi dans la cuisine. Le poussier, ainsi tamisé, se consume beaucoup mieux; il n'exhale aucune vapeur, aucune odeur désagréable; la chaleur qu'il donne est douce, pénétrante et même favorable à la santé; en effet, s'insinuant peu à peu des mains et des pieds dans tout le corps, elle l'affecte délicieusement; et cette propriété, peu connue, mériterait des observations qui ne seraient pas sans utilité dans les opérations chimiques, ni sans intérêt dans l'histoire de la médecine. Mais, pour cet effet, il importerait de faire des expériences particulières sur les différens charbons de bois pesans, durs et compacts; sur ceux des aromatiques, des sarmenteux, des balsamiques, etc., si communs dans l'Asie et dans le Nouveau-Monde.

CHAPITRE LVII.

Modifications diverses de la Chaufferette de fer.

L'Etuvette.

Dès que l'on a établi une base solide, il est facile d'y asseoir ensuite toutes sortes d'édifices. Comme le nouveau porte-feu procure à souhait les degrés de chaleur qu'il faut pour se chauffer, on peut l'étendre en conséquence à d'autres usages de ce genre, par différentes modifications. En l'enfermant, par exemple, dans une espèce de boîte de tôle, ou bien en le plaçant dessous, il forme tour à tour des *chauffoirs ambulans*, des *réchauds de table*, des *scaldavivandes*, des *tables d'hiver*, et l'*étuvette*, dont nous allons parler d'abord, et détailler les usages.

DES FRILEUX.

1° L'*Etuvette* est un petit four carré haut de sept ou huit pouces, et n'excédant que d'une demi-ligne la tablette de la chaufferette sur laquelle on le place, afin d'y tenir bien chaudement diverses choses.

2° Les deux bouts de ce petit four portent une clavette qui s'enfonce dans le bas de son emboîture, et qui l'empêche de vaciller sur le porte-feu dont il reçoit la chaleur.

3° Le devant se ferme et s'ouvre verticulement par une porte à coulisse ; et l'intérieur est divisé par deux planchettes de tôle qui sont mobiles, et que l'on ôte au besoin, quand on y met des vases un peu hauts.

4° Au-dessus, et tout au milieu, il y a une ventouse et une soupape que l'on ouvre ou que l'on ferme selon le degré de chaleur que l'on veut donner à l'*étuvette*.

Cet ustensile économique est fort commode dans le ménage, surtout pour une personne sans suite, obligée de s'absenter une bonne partie du jour, et qui ne rentre que très-tard. En disposant le feu de la chaufferette selon le degré nécessaire, elle peut y mettre son dîner en toute sûreté : elle le trouve toujours suffisamment chaud ; elle peut se mettre à table à son retour ; et, sans nul autre apprêt, elle n'a plus qu'à manger et à se chauffer tout à l'aise.

Dans le cas où l'on serait indisposé, l'ustensile additionnel de la chaufferette de fer n'aurait pas moins d'utilité, et c'est alors que l'on apprécierait encore mieux son service. De fait, soit le jour, soit la nuit, le dessus du petit four peut faire sécher du linge ou des vêtemens ; et l'intérieur tient en même temps diverses boissons ou quelque consommé bien chaudement pour un malade.

Ajoutons à ces avantages que le porte-feu, séparé de l'*étuvette*, est fort propre à son tour pour bassiner un lit ; comme il doit être toujours bien rempli, et que, dans ce cas, le poussier ne brûle jamais au fond, il n'y a nul danger qu'il roussisse les draps. Quant à la tablette, si brûlante qu'elle puisse être, il n'y a jamais rien à craindre non plus de ce côté ; si la chaleur était trop vive, il suffirait de lever l'anse de la chaufferette de fer.

CHAPITRE LVIII.

Nouveaux réchauds de table.

Les briques rondes que l'on met toutes rouges dans de petits réchauds de table, pour y tenir chaudement différens plats, insensiblement se refroidissent pendant que l'on dîne, ou que l'on soupe. Il faudrait au contraire que ces réchauds de table acquissent ou conservassent du moins le degré de chaleur nécessaire pour l'emploi auquel on les destine. Or, ils auront cet effet, en les chauffant comme la nouvelle chaufferette, c'est-à-dire avec du poussier, bientôt allumé au feu de la cuisine, et que l'on prendrait avec une pelle pour les en remplir au besoin. Mais il est à observer qu'il faut en outre couvrir ces petits réchauds avec une plaque de fer ou d'argent, et percée de plusieurs trous. Cette couverture pourrait être adaptée au fourneau à queue, et s'ouvrir par le moyen d'une charnière.

CHAPITRE LIX.

Le Scaldavivande.

On pourrait tenir bien chaudement encore, non seulement un plat, mais un dîner tout entier, par le moyen d'un *scaldavi-*

vande. Cette espèce de four italien a la forme du petit meuble si commode que l'on nomme *servante*; mais il en diffère en ce qu'il est clos et garni de tôle à l'extérieur; il a plusieurs étages, et des séparations fermées chacune, et aussi long-temps que l'on veut, par une porte particulière, de façon qu'en y mettant un plat ou bien en l'ôtant, un autre n'est point dans le cas de se refroidir, ni de prendre un fumet étranger; le tout est chauffé par une chaufferette de fer, dont le foyer et le feu sont proportionnés à l'ustensile où l'air circule de bas en haut par le moyen de quatre tuyaux placés dans les angles.

Le grand avantage du *scaldavivande*, c'est de conserver bien chaudement depuis le potage jusqu'au rôti, sans que les viandes se dessèchent ou cuisent davantage, et sans qu'aucun mets prenne un degré plus fort de sel.

CHAPITRE LX.

Le Chauffoir ambulant.

ON a vu ci-dessus, chapitre LV, que deux porte-feu nouveaux, c'est-à-dire la *pédale* et le *manuel*, suffisent pour entretenir une douce température dans une chambre de moyenne grandeur. Mais si l'on voulait échauffer un grand appartement dans tous les coins, on y réussirait à peu de frais à l'aide du *chauffoir* ambulant, dont voici les dimensions :

1.° Cette espèce de poêle mobile a la forme d'une horloge de sable ou de deux entonnoirs réunis l'un à l'autre du côté de leur goulot, et il est un peu plus haut qu'un guéridon;

2.° Egalement évasé aux deux extrémités, il forme un tuyau dont le milieu a six ou sept pouces de diamètre.

3.° A quatre pouces de terre, il présente une petite case recevant de l'air par six ventouses ; et cette case qui ferme, donne entrée à une chaufferette de fer, dont le foyer est allumé dans toute son étendue ;

4.° A un pouce au-dessus du foyer de la chaufferette, est une file de feuilles de tôle placées horizontalement, à cinq lignes de distance les unes des autres : ces feuilles sont percées de trous disposés en zig-zag, afin de multiplier les détours de l'air, et d'augmenter conséquemment la chaleur ;

5.° Le haut du chauffoir porte un four de cinq à six pouces de haut, pour y faire chauffer tout ce qu'on veut : on peut même y transposer la chaufferette si l'on a besoin d'un degré de feu propre à pousser quelque liquide jusqu'à l'ébullition ;

6.° Le dessus est terminé par une tablette ronde que l'on met et que l'on ôte à volonté ; cette tablette pose sur une petite galerie à jour, et d'où sort la chaleur qui se porte de bas en haut;

7.° Le tout porte sur des roulettes et sur un fond contenant un tapis où les pieds reçoivent aussi la chaleur du porte-feu.

Ce foyer ambulant renferme tous les avantages des plus beaux poêles, et il n'en a ni l'entretien coûteux ni les inconvéniens. Ne faisant ni suie ni fumée, il ne saurait nuire à la santé, ni gâter les tentures, ni mettre le feu dans aucun cas.

Comme il est facile de le rouler partout où l'on veut se tenir, le matin on peut déjeûner autour, et cela d'autant plus commodément, que son centre est échancré en forme d'arc, et que les genoux peuvent s'y allonger. Pendant les repas, il fait très-bien l'office de servante; après le dîner, il va figurer dans le salon, et il y réchauffe les musiciens qui promènent leurs doigts sur les touches glacées du forte-piano.

DES FRILEUX.

Le soir, on le ramène avec plaisir dans la chambre à coucher; et, pendant la nuit, il a encore son usage si l'on est incommodé.

Ajoutons que ce nouvel ustensile à feu est susceptible de recevoir toutes les modifications et les divers ornemens que le goût, de concert avec la richesse, se plairaient à lui faire prendre; et, sous ce point de vue, il peut devenir à la fois un meuble non moins utile qu'élégant et somptueux.

N. B. Quand le froid est rigoureux, on peut mettre dans le *chauffoir ambulant* deux porte-feu : un dans le bas, et l'autre dans la case supérieure; et il faut avoir soin de se procurer du poussier non provenu de bois blanc, mais de charbon de l'Yonne, qui vient par la Seine, et qui est le meilleur.

CHAPITRE LXI.

La Table d'hiver.

En considérant la mécanique propre au feu concentré, en réfléchissant sur les effets de la chaleur obtenue par le moyen de la transpiration d'un combustible embrasé, chaleur qui est la plus douce possible, et très-salubre pour la santé ; nous avons eu surtout en vue les jeunes étudians et les hommes de lettres.

Celui qui se tient constamment assis, qui lit des choses abstraites, ou qui combine des idées pour les retracer ensuite et les rendre sensibles par leur clarté, a nécessairement besoin de n'éprouver aucun malaise ; sans quoi il peine excessivement et travaille sans fruit.

En effet, de toutes les occupations, celle

d'un esprit tendu et appliqué est la plus forte, la plus fatigante ; et de tous les obstacles qui peuvent arrêter la plume d'un écrivain et entraver le génie qui médite, après les épines de l'inquiétude, le froid est peut-être le plus grand. Or, nous opposons encore ici un bon rempart contre cet ennemi cruel du corps et de la pensée, et ce rempart consiste dans la *table d'hiver*, construite ainsi que je vais l'expliquer.

1.° Au lieu d'être couverte en bois, la table d'hiver porte un dessus composé de feuilles de cuivre ou de tôle ;

2.° Entre ces feuilles de tôle règne, d'un bout à l'autre, une cavité de dix lignes de hauteur ;

3.° La tôle du dessous est évidée au milieu, et présente une ouverture circulaire, dans laquelle on emboîte bien juste l'extrémité supérieure d'un chauffoir ambulant, qui alors n'a pas besoin de tablette ;

4.° Le pourtour de la double tôle qui couvre la nouvelle table, est percé sur les côtés, et forme ainsi, de dix lignes en dix lignes, diverses routes pour le passage de l'air chaud, qui part du foyer, puis qui monte et s'échappe par toutes les issues.

Voilà toute la mécanique de ce bureau littéraire, peu coûteux et d'une singulière commodité. Par le simple détail dans lequel nous venons d'entrer, on jugera sans peine qu'il chauffe simultanément les pieds, les genoux, la poitrine, les bras, les mains et jusqu'aux livres des personnes qui sont assises autour, et cela sans qu'elles aient besoin de se déranger en nulle façon.

N. B. Si les tables d'hiver sont si bonnes pour étudier, elles ne servent pas moins pour y prendre ses repas, même en été, parce qu'alors on en sépare le chauffoir qui est mobile.

Observation.

Avant de hasarder aucune dépense pour les nouveaux foyers économiques, on pourra s'en former une première idée, même à l'aide de l'ancienne chaufferette; pour cet effet, au lieu de bois, il suffira de la couvrir comme je l'ai déjà dit, d'une planchette de fer battu, et de l'épaisseur d'une forte ligne. Il faudra surtout en gouverner le feu de la manière que nous avons indiquée page 204, chapitre LII, de ce traité. Après cette épreuve, nous aimons à le penser, le public nous saura, peut-être, quelque gré des observations dont l'expérience journalière prouve l'utilité, et des avantages pour une multitude de personnes qui, désormais, ne craindront plus les approches de l'hiver, soit pour leur travail, soit pour leur santé.

APPENDICE.

Des Cendres.

A la page 112 de ce Traité, j'ai observé que les cendres du poussier sont très-propres soit pour allumer de nouveau ce combustible, soit pour lui donner du stimulant quand il s'allume; mais j'ai oublié de dire que du poussier acheté pendant l'été, et bien criblé, alimente la chaufferette de fer durant quinze heures de suite, sans qu'on ait besoin d'y toucher, ni même d'en ôter la cendre, excepté à l'heure du coucher.

Je ne terminerai point cet article, sans dire un mot de l'emploi sacré que l'on pourrait faire des cendres, non des végétaux, mais des êtres animés. On sait avec quel zèle religieux les anciens recueillaient la dernière dépouille de l'homme. Afin de la soustraire aux ravages du temps, les Grecs et les Romains brûlaient le corps des morts; puis ils en conservaient les cendres dans des urnes de porphyre et d'autres matières de prix.

Pour que ces cendres ne se confondissent point avec celles du bois enflammé, on enveloppait le corps du défunt dans un tissu d'amiante, espèce de minéral particulier, composé de filamens incombustibles, que l'on nomme *asbestos*, en grec.

Un monument trouvé, il y a cent onze ans, dans une Vigne, à quelques milles de la porte Majeure de Rome, nous atteste cette pratique religieuse; c'est un tombeau de marbre dont l'inscription est entièrement indéchiffrable. Ce sépulcre antique ayant été ouvert, on y trouva un grand linceul de neuf palmes romaines, puis des cendres, un crâne de femme et des os d'enfant à moitié consumés par le feu. Cette enveloppe mortuaire, très-bien cousue encore, était devenue sale et couleur de suie par le laps des siècles : on la jeta dans un brasier ardent, et on l'en tira blanche comme de la neige, et intacte, au bout de quelques heures.

Le grand art de la chimie, singulièrement approfondi de nos jours, devrait nous fournir des moyens bien plus efficaces et plus conformes aux doux sentimens de la reconnaissance, pour sauver de l'oubli les derniers restes des personnes qui nous sont chères. Des expériences faites, il y a un siècle, constatent que les cendres des êtres animés se vitrifient ainsi que celles qui proviennent des plantes. On pourrait donc faire subir cette opération aux ossemens de l'homme lui-même, quand il a cessé d'être, et surtout lorsqu'il a rendu d'insignes services à l'humanité, et qu'il s'est acquis de justes droits à l'estime de la postérité reconnaissante. Étant ainsi vitrifiées, et de suite transformées en petits bustes, en urnes, en lacrymatoires, etc., etc., ces cendres deviendraient un objet de vénération plus direct, plus frappant et bien plus durable que ces froides épitaphes, que ces tristes tombes, que nous reléguons loin de nous dans des cimetières incultes, dont nous formons des carrières impénétrables, pour en perdre bientôt la trace et jusqu'au souvenir lui-même.

Si cette pieuse métamorphose avait lieu, ah! combien la morale y gagnerait! avec quelle expansion d'âme un fils bien né se prosternerait, à son lever, devant ces immortels et touchans symboles de ses regrets! de quelles vives étreintes une fille sensible presserait contre son cœur le médaillon qui lui représenterait les cendres réelles de sa tendre mère!

Et cette mère, à son tour, cette mère désespérée qui déplore le sort affreux de ses jeunes fils, sa plus chère espérance, ou qui gémit sur la perte irréparable d'une fille accomplie; eh! bien, il lui serait du moins loisible de verser ses pleurs amers dans la coupe virginale formée de la substance même de l'enfant qui faisait son orgueil et sa joie; elle jouirait de la consolation renaissante d'y relire son nom chéri; elle y contemplerait, à son gré, elle couvrirait de baisers ces emblèmes d'amour qu'un burin habile aurait gravés sur le précieux cristal, dont la couleur du narcisse naissant lui peindrait, au naturel, et la candeur et l'ingénuité tout aimables de sa caressante amie!...

Certes, cette opération serait bien digne d'exercer les doctes travaux des *Boerhaave* et des *Rouelle* de nos jours. Tel était sans doute l'opinion de *Beker*: c'est à ce savant que nous sommes redevables de la belle expérience dont nous faisons mention ici : voici les propres termes du célèbre chimiste allemand :

DES FRILEUX.

« Plût à Dieu que j'eusse des amis qui
« me rendissent ce dernier service! ce se-
« rait de convertir mes os secs et épuisés
« par de longs travaux, en cette substance
« diaphane que tous les siècles révolus ne
« sauraient altérer; cette substance, dis-je,
« qui n'a point le vert des végétaux, mais
« qui conserve sa couleur générique; cou-
« leur des plus douces, et qui retrace à
« l'œil une nuance légère de la blancheur
« du lait, et des fleurs naissantes du nar-
« cisse agité (1). »

---

(1) O utinam amicos haberem qui ultimam istam opellam siccis et multis laboribus exhaustis ossibus meis aliquando præstarent ; qui, inquam, eos in diaphanam illam, nullis sæculis corruptibilem substantiam redigerent, suavissimam sui generis colorem, non quidem vegetalem virorem, sed tremuli narcissuli ideam lacteam præstantem ! Quod paucis quidem horis effici posset.

(BEKER, *de arena perpetuâ.*)

FIN.

TABLE.

AVANT-PROPOS.................... Page j
ECONOMIE DES COMBUSTIBLES................ 1
CHAPITRE PREMIER. Des Foyers chez les anciens. 6
CHAP. II. Fourneaux, Porte-Feu, petits Réchauds et Feu pur des anciens............. 12
CHAP. III. Des Foyers à tuyaux prolongés..... 19
CHAP. IV. Foyers des bains ou thermes chez les anciens........................... 23
CHAP. V. Remarques sur le Commerce de Charbon chez les anciens.................. 27
CHAP. VI. Vases et foyers où les Vestales entretenaient le feu sacré................... 31
CHAP. VII. Les Cheminées chez les peuples modernes............................ 38
CHAP. VIII. Cheminées à jambages paraboliques et à soufflet........................ 45
Manière dont le feu de la cheminée à soufflet échauffe un appartement................ 48
CHAP. IX. De la chaleur par rayons, et de celle qui est opérée par la transpiration......... 51
CHAP. X. Des effets et des propriétés des nouvelles cheminées..................... 54

TABLE.

Chap. XI. Les Poêles à serpent.......... Page 57
Chap. XII. Les Poêles ordinaires.......... 64
Chap. XIII. Des combustibles. Les Forêts et les Bois considérés relativement au chauffage.... 69
Chap. XIV. Grande consommation du bois. Sa rareté. Utile invention de Jean Rouvet pour y remédier........................... 76
Chap. XV. Dénomination de différens bois de chauffage. Réflexions importantes.......... 81
Chap. XVI. Utilité du chêne pour la charpente et le chauffage........................ 86
Chap. XVII. Anecdote intéressante sur le fameux chêne de Penderell................ 88
Chap. XVIII. Le Charme................ 91
Chap. XIX. Le Hêtre.................. 93
Chap. XX. Le Châtaignier.............. 94
Chap. XXI. Le Marronnier; usages divers auxquels son fruit peut être employé.......... 96
Chap. XXII. Le Cèdre................. 98
Chap. XXIII. Des bois aromatiques ou résineux; effets salutaires et peu connus de leur chaleur pénétrante..................... 99
Chap. XXIV. Réflexions sur les combustibles aromatiques et résineux................ 106
Chap. XXV. Le Charbon de bois.......... 114
Chap. XXVI. Le Poussier de Charbon;...... 120

TABLE.

Chap. XXVII. Le Charbon fossile............ 123

Chap. XXVIII. Essence et formation du Charbon de Terre................................ 127

Chap. XXIX. Origine et progrès du Charbon de terre dans les Iles Britanniques............. 129

Chap. XXX. Décision de la Faculté de Médecine sur les effets de la fumée du charbon de terre.................................... 131

Chap. XXXI. Boulettes de Charbon de terre, composées par un Italien.................. 132

Chap. XXXII. Autres expériences sur les effets de la fumée de la Houille................ 134

Chap. XXXIII. Manière d'arranger la Houille dans un fourneau. Beauté de son feu........ 137

Chap. XXXIV. Grande supériorité du feu de Houille, et ses avantages pour les besoins domestiques.................................. 140

Chap. XXXV. Poêle à brûler de la Houille sans produire aucune fumée.................... 142

Chap. XXXVI. Le Temple du Diable; danger des Mouffettes des mines à Charbon, etc..... 144

Chap. XXXVII. La Tourbe.................. 148

Chap. XXXVIII. Phénomène dans la Tourbe de Péeland............................... 153

Chap. XXXIX. Le Tan et les Mottes à brûler. 155

Chap. XL. L'Amadou........................ 160

TABLE.

Soin nécessaire pour avoir de l'amadou bien sec, et du feu bien vite.................... 163
CHAP. XLI. LA CHAUFFERETTE DE FER....... 166
Etymologie du mot CHAUFFERETTE. Cause de sa nouvelle modification................... 168
CHAP. XLII. Nécessité indispensable du Feu, et de sa chaleur..................... 172
CHAP. XLIII. Utilité de la CHAUFFERETTE DE FER pour quantité de personnes........... 175
CHAP. XLIV. Moyens illusoires employés pour économiser le bois de chauffage. Chaleur et prix modique du poussier............... 178
CHAP. XLV. Raisons du peu d'usage du poussier. 181
CHAP. XLVI. Défauts et dangers des anciennes chaufferettes........................ 182
CHAP. XLVII. Préjugés contre les chaufferettes en général......................... 188
CHAP. XLVIII. Dimensions de la Chaufferette de fer............................ 192
CHAP. XLIX. Objection contre la complication apparente de la Chaufferette de fer. Preuves qui feront juger de sa simplicité et de ses effets. 195
CHAP. L. Bons effets d'une Tablette de fer, même sur une chaufferette ordinaire............. 199
CHAP. LI. Mauvaise odeur occasionnée par les chaufferettes anciennes.................. 202

Chap. LII. Moyen d'allumer le poussier à l'aide d'un petit fourneau sans fond. Double usage de ce fourneau.................................. 204
Chap. LIII. Moyen prompt et très-commode d'avoir une chaufferette toute prête le matin, en se levant.............................. 208
Chap. LIV. Comment il faut remplir la chaufferette de fer, et conduire le feu du poussier, pour en graduer la chaleur selon le froid.... 210
Chap. LV. Moyen de graduer la chaleur de la chaufferette de fer....................... 212
Chap. LVI. Usage de deux chaufferettes de fer, pour se préserver entièrement du froid..... 216
Qualités que le poussier doit avoir pour le service du nouveau porte-feu................ 218
Chap. LVII. Modifications diverses de la chaufferette de fer. L'Étuvette................. 220
Chap. LVIII. Nouveaux Réchauds de table... 223
Chap. LIX. Le Scaldavivande............... 224
Chap. LX. Le Chauffoir ambulant............ 226
Chap. LXI. La Table d'hiver................ 230
Observation.............................. 233
Appendice. Des Cendres.................... 234

FIN DE LA TABLE.

DE L'IMPRIMERIE D'A. EGRON.

A te principium, tibi desinet : accipe jussis
Carmina cœpta tuis, atque hanc sine tempora circum
Inter victrices hederam tibi serpere lauros.

Frigida vix cœlo noctis decesserat umbra,
Cùm ros in tenerâ pecori gratissimus herbâ est,
Incumbens tereti Damon sic cœpit olivæ.

Nascere, præque diem veniens age, Lucifer, almum ;
Conjugis indigno Nisæ deceptus amore
Dum queror, et divos, quamquam nil testibus illis
Profeci, extremâ moriens tamen alloquor horâ.

Incipe Mœnalios mecum, mea tibia, versus.

Mœnalus argutumque nemus, pinosque loquentes
Semper habet ; semper Pastorum ille audit amores
Panaque, qui primus calamos non passus inertes.

Incipe Mœnalios mecum, mea tibia, versus.

www.ingramcontent.com/pod-product-compliance
Lightning Source LLC
Chambersburg PA
CBHW070644170426
43200CB00010B/2119